Xóchil A. Schütz

Slam Poetry – eigene Texte verfassen und performen

Persen Verlag GmbH

Die Autorin:
Xóchil A. Schütz ist Autorin und Performance-Poetin und hat in zahlreichen deutschen und europäischen Städten Slam-Poetry-Workshops für Jugendliche und Studierende geleitet.

Gedruckt auf umweltbewusst gefertigtem, chlorfrei gebleichtem
und alterungsbeständigem Papier.

1. Auflage 2009
Nach den seit 2006 amtlich gültigen Regelungen der Rechtschreibung
© by Persen Verlag GmbH, Buxtehude
Alle Rechte vorbehalten

Das Werk und seine Teile sind urheberrechtlich geschützt. Jede Nutzung in anderen als den gesetzlich zugelassenen Fällen bedarf der vorherigen schriftlichen Einwilligung des Verlages. Hinweis zu § 52 a UrhG: Weder das Werk noch seine Teile dürfen ohne eine solche Einwilligung eingescannt und in ein Netzwerk eingestellt werden. Dies gilt auch für Intranets von Schulen und sonstigen Bildungseinrichtungen.

Illustrationen: Nataly Meenen
Satz: MouseDesign Medien AG, Zeven

ISBN 978-3-8344-**3374**-9

www.persen.de

Inhaltsverzeichnis

I. Einführung

- Der Poetry Slam 6
- Kurze Geschichte des Poetry Slams 6
- Zu diesem Buch 6

Tipps für Lehrende
- Zur Arbeit mit diesem Buch 7
- Tipps zur Durchführung von Schreib- und Performance-Workshops 9

Tipps für Schreibende
- Zur Arbeit mit diesem Buch 12
- Eigenständig weiterarbeiten 12

II. Texte verfassen

1. Übungen

1.1 Person und Lebenswirklichkeit
- Typisch ich 14
- Soziale Wirklichkeit 15
- Der Lieblingsplatz 17
- Pubertät 18
- Angst 22
- Die Sucht ist eine Suche 23
- Bekannter Größenwahn 24
- Wer willst du sein? Wer bloß nicht? 26
- Meine Nerven! 28
- Die totale Erschöpfung 29
- Wenn ich nicht ich selber wäre 31

1.2 Liebe
- Glückliche Liebe. Ist das normal? 32
- Paradies, Paradies, Wonne, Wonne 34
- Es war umsonst. Denn es war Liebe 35

1.3 Spaß und Fantasie
- Schwester Bertha fasst es nicht 36
- Mord im Kanzleramt 36
- Die Welt in 100 Jahren 37
- Der unbekannte Planet 37
- In der Hölle 38
- Im Himmel 38
- Ritter, Bauer, Edelfrau? 39
- Tote Blumen 39
- Die zufällige Geschichte 40
- Das Fußballmärchen 41
- Du bist Papst! 43
- Wie ich einmal Weihnachten überlebt habe 44

2. Textgattungen

2.1 Poesie
- Slam Poetry im weiten Sinne 45
- Slam Poetry im engen Sinne 45
- Rap-Poetry 46
- Freestyle 46
- Das strenge Gedicht 47
- Das freie Gedicht 47
- Ballade & Story Poem 47
- Komische Lyrik 48
- Lautpoesie 48
- Liedgedicht 49

2.2 Prosa
- Die Slam-Story 50
- Die klassische Kurzgeschichte 51
- Der Kurzkrimi 51
- Märchen & Fantasy 52
- Lyrische Prosa 52
- Science-Fiction 53

2.3 Dramatik
- Reden 54
- Literarische Comedy 54
- Interaktive Texte 55
- Teamtexte 55

3. Literarische Stilmittel

3.1 Formale Stilmittel
- Die Erzählperspektive 56
- Der Reim 56
- Die Metapher 57
- Der Refrain/Die Repetition 57
- Die Strophe und die Zeile 57
- Die Rhythmik 58
- Der Satzbau 58
- Die Satzzeichen 58

3.2 Inhaltliche Stilmittel
- Der Spaß 59
- Die Empfindsamkeit 59
- Die Fantastik 60
- Die Romantik 60
- Der Ernst 61

Inhaltsverzeichnis

4. Über das Freie Schreiben
- Der Musenkuss 62
- Die feste Schreibzeit 63
- Den Horizont öffnen 64

5. Über das Nachahmen und die Eigenständigkeit 65

6. Das Überarbeiten von Texten 66

7. Was ist denn nun ein guter Text? 67

III. Texte performen

1. Das A&O der Performance 69

    1.1 Mach dir klar, was zu dir passt 69

    1.2 Lampenfieber ist nicht schlimm 70

    1.3 Bereite deinen Text vor 70

    1.4 Die Textauswahl 72

    1.5 Weitere Vorbereitungen 73

    1.6 Direkt vor dem Auftritt 74

    1.7 Die Bühnensituation 74

    1.8 Nach dem Auftritt 76

Exkurs: Einen Poetry Slam veranstalten 77

IV. Anhang

Buch-Tipps & Internet-Tipps 78
Quellenverzeichnis 79
Danksagung 79

Einführung

Der Poetry Slam

Dichterwettkämpfe, sogenannte Poetry Slams, finden mittlerweile regelmäßig in fast allen größeren deutschsprachigen Städten statt. Fünf Minuten haben die Teilnehmenden in der Regel Zeit, selbstverfasste Texte zu präsentieren, die das Publikum dann per Applausabstimmung oder durch eine zufällig ausgewählte Jury bewertet.

Dieser unkonventionelle und nicht-elitäre Zugang zur Literatur macht Veranstaltern, Auftretenden und Zuhörenden in Deutschland seit nunmehr fünfzehn Jahren gleichermaßen Spaß, und das nicht nur wegen des Wettkampfcharakters der Veranstaltung: neben vielfältigen literarischen Formen wie zum Beispiel Poesie, lustigen Geschichten und von mehreren Personen gemeinsam vorgetragenen Mini-Dramen werden auch verschiedenste Themen aufgegriffen, neben persönlichen Erlebnissen nicht zuletzt auch aktuelle politische und gesellschaftliche Begebenheiten. In all seinen Aspekten ist der Poetry Slam schlussendlich gelebte Demokratie.

Kurze Geschichte des Poetry Slams

Der erste Poetry Slam fand 1986 in Chicago statt. Ein literaturbegeisterter Bauarbeiter namens Marc Smith wollte seinen Texten endlich Gehör verschaffen und suchte nach einem Veranstaltungsformat, das das Publikum mit einbezieht. Seine Idee eines literarischen Wettkampfes hat sich draufhin erst in den USA und dann weltweit verbreitet. Der erste Poetry Slam in Deutschland fand 1993 in Berlin statt, schon bald darauf wurden Slams in Hamburg, München und Düsseldorf gegründet. Mittlerweile finden allein im deutschsprachigen Raum monatlich über hundert Poetry Slams statt.

Jeden Herbst richtet eine andere deutsche, schweizer oder österreichische Stadt die „Deutschsprachigen Meisterschaften der Poetry Slams" aus, bei der sich die besten Slam-Poeten im Einzel- und im Teamwettbewerb miteinander messen.

Zu diesem Buch

Dieses Buch präsentiert Übungen und Tipps, wie kurze, literarische Texte, die bei Poetry Slams funktionieren, verfasst und passend vorgetragen werden können.

Wer mit anderen, zum Beispiel Schülern oder Studierenden, Slam Poetry verfassen und ihren Vortrag üben möchte, der sollte die ⇨ Tipps für Lehrende lesen.

Wer einfach selbst Texte verfassen und einüben möchte, der sollte ein paar Seiten weiterblättern zu den ⇨ Tipps für Schreibende.

Zu meiner Wortwahl

Immer von Slam-Poetinnen und Slam-Poeten oder auch Slam-PoetInnen zu schreiben, um zu zeigen, dass ich weibliche und männliche Schreibende meine, finde ich anstrengend, auch anstrengend zu lesen. Wären die an Poetry Slams Teilnehmenden an erster Stelle weiblich, böte es sich an, in diesem Buch konsequent die weibliche Form zu benutzen. Das ist nicht so, und ich habe mich entschieden, neutral von Teilnehmenden und Schreibenden und öfter einmal nur „männlich" von Autoren und Poeten u. Ä. zu schreiben, anstatt grundsätzlich die männliche und die weibliche Form zu benutzen. Liebe Frauen und Mädchen: Verzeiht mir, falls es euch stört, fühlt euch trotzdem angesprochen und ergänzt, falls ihr deshalb nachhaltig unzufrieden bleiben solltet, unsere Sprache um ein passendes, griffiges und schönes Vokabular.

Tipps für die Lehrenden

Einführung

Zur Arbeit mit diesem Buch

Dieses Buch richtet sich explizit an Lehrende, die in ihrem Unterricht, in Projektwochen oder Seminaren mit ihren Schülern, Studierenden usw. das Schreiben und Vortragen kurzer literarischer Texte üben wollen.

Grundsätzlich gilt:

1. Sie sollten immer mitschreiben und Ihre Texte genau wie ihre Schüler vor der Gruppe vortragen, sich auch Kritik einholen; siehe gleich unten: *Tipps zur gelingenden Durchführung von Schreib- und Performance-Workshops.*
2. Wenn Sie mit den Übungen hier im Buch arbeiten, dann überlegen Sie, ob sie jeweils zum Alter der Teilnehmenden passen. Die Übungen zu den Themen Sex ⇨ *Paradies, Paradies, Wonne, Wonne* und Sucht ⇨ *Die Sucht ist eine Suche* eignen sich zum Beispiel noch nicht für sehr junge Schüler. Genauso vielleicht die Übungen zur Liebe ⇨ *Glückliche Liebe. Ist das normal?* und ⇨ *Es war umsonst. Denn es war Liebe.* Zugleich sollten Sie sich fragen, ob das Arbeits- und Vertrauensverhältnis zu den Teilnehmenden es zulässt, so wichtige und vielleicht auch intime Themen konstruktiv zu behandeln.
3. Sie können selbst neue Übungen erfinden, ggf. auch gemeinsam mit ihren Schülern.
4. Die Zeitangaben unter den einzelnen Schritten der Übungen sind Richtwerte, die Sie je nach Bedarf abändern können und sollten. Aus diesem Grunde sind sie auch hellgrau gesetzt, sodass Sie sie bei entsprechender Kopiereinstellung ausblenden können.

Texte verfassen lassen

Überlegen Sie, welche Art, Texte zu verfassen, zu den Ihnen Anvertrauten am besten passt: Das direkte, spielerische Herangehen über die Übungen?

In der Regel können Sie darauf vertrauen, dass jeder Mensch von selbst die Formen und Stilmittel findet, die zu ihm passen. Gerade, wenn Sie nur wenige Stunden mit ihren Schülern am Thema arbeiten können, empfiehlt es sich, ihnen viel Freiraum zu lassen, was fast alle hier vorgestellten Schreibübungen ⇨ *Übungen* tun.

Wenn Sie allerdings bestimmte literarische Gattungen oder bestimmte Stilmittel einüben möchten, dann gehen Sie stattdessen zu den Kapiteln ⇨ *Textgattungen* und ⇨ *Literarische Stilmittel* und lassen ihre Schüler dann anhand einer der Übungen, auf die ich verweise, explizit an einer von ihnen ausgewählten Gattung oder am Einsatz bestimmter von Ihnen ausgewählter Stilmittel arbeiten.

Falls Sie viel Zeit haben, wenn Sie also z. B. eine Slam Poetry AG leiten, dann empfiehlt es sich, die Teilnehmenden am Anfang spielerisch arbeiten zu lassen; also die Übungen unabhängig von Gattungen und Stilmitteln einzusetzen und sie erst nach und nach an konkreten Formen und mit bestimmten Mitteln arbeiten zu lassen.

Sie können den Schülern zur Einstimmung Poetry Clips ⇨ *Literaturverzeichnis* zeigen oder bekannte Slam-Texte ⇨ *Literaturverzeichnis* laut vorlesen (lassen). Generell gilt danach: Jeder muss schreiben und seinen Text später vortragen, stellen Sie das von Anfang an klar.

Das freie, nicht angeleitete Schreiben ist nicht immer einfach. Doch wer sich traut, findet unter ⇨ *Über das freie Schreiben* einige Hinweise hierzu.

Wer einen guten Text hört, ist eventuell versucht, einen ganz ähnlichen zu verfassen. Das ist verständlich, aber nicht sinnvoll. Lesen Sie hierzu, ggf. mit ihren Schülern, das Kapitel ⇨ *Über das Nachahmen und die Eigenständigkeit.*

Es gibt Texte, die sofort gelingen. In der Regel bedarf ein guter Text aber nach dem ersten Herun-

Einführung — Tipps für die Lehrenden

terschreiben der Überarbeitung. Diese behandelt das Kapitel ⇨ *Das Überarbeiten von Texten*. Einige Anregungen, woran gute und weniger gute literarische Texte erkannt werden können, finden sich im Kapitel ⇨ *Was ist denn nun ein guter Text?"*

Texte vortragen lassen

Im Kapitel ⇨ *Das A&O der Performance* habe ich zusammengestellt, worauf es beim Textvortrag grundsätzlich ankommt. Sie können den Text gemeinsam mit Ihren Schülern lesen. Sie können die Ihnen am wichtigsten erscheinenden Punkte frei vermitteln. Sie können mit dem Hintergrundwissen dieses Textes direkt mit Ihren Schülern am Vortrag entstandener Texte arbeiten.

Nach dem Einführungskapitel ⇨ *Mach dir klar, was zu dir passt* folgen kleine Abschnitte zum praktischen Einüben von Texten ⇨ *Bereite deinen Text vor* ⇨ *Die Textauswahl* und ⇨ *Weitere Vorbereitungen*. Darauf folgen weitere Tipps: ⇨ *Direkt vorm Auftritt,* ⇨ *Die Bühnensituation,* ⇨ *Nach dem Auftritt*. Wichtig ist, dass sich Ihre Schüler ausprobieren können.

Weiterarbeiten

Mehrere Bücher, teils inklusive DVD, sind zum Thema „Poetry Slam" und „Slam Poetry" erschienen, mit denen sich wunderbar weiterarbeiten lässt ⇨ *Buch-Tipps*.

Im Internet finden sich nicht nur die Internetseiten bekannter Slam-Poeten und größerer Poetry Slams, sondern auch ganze Poetry-Slam-Portale, Poetry-Clips u.v.m. ⇨ *Internet-Tipps*.

Mit älteren Schülern könnten Sie Slams besuchen. Ob es einen in Ihrer Nähe gibt, erfahren Sie im Internet ⇨ *Internet-Tipps*. Vielleicht bekommen einige der Schüler Lust, dort einen eigenen Text vorzutragen – oder auch, einmal einen eigenen Slam zu veranstalten ⇨ *Einen Poetry Slam veranstalten*.

Tipps für die Lehrenden

Tipps zur Durchführung von Schreib- und Performance-Workshops

Grundsätzlich

- Sagen Sie Ihren Schülern schon vor der Schreibzeit, dass später alle vortragen müssen – und zwar direkt im Stehen auf einer imaginierten Bühne – also „vorne" oder eben an einem festen Ort im Raum, der für alle gut einsehbar ist. Dann packt zumeist auch die Letzten der Ehrgeiz, etwas Eigenständiges und Gutes zu bringen.
- Wenn Sie möchten, dass authentische und gute Texte entstehen, dann sagen Sie Ihren Schülerinnen und Schülern von vornherein, dass Sie selbst mitschreiben, den entstehenden Text später ebenfalls vortragen und sich wie alle anderen in der Feedbackrunde der Kritik stellen werden.
- Je „schwieriger" die Schüler, desto kleiner sollten die Workshop-Gruppen sein, und desto wichtiger ist natürlich Konsequenz, Klarheit und ggf. deutliche Kritik (z. B. bei Macho-Gehabe). Optimal sind Gruppen von fünf bis zehn Schülern, bis 15 ist es noch gut, bei über 15 Schülern gelingt ein Schreib- und Performance-Workshop noch am ehesten mit im Ganzen aufmerksamen und interessierten Schülern.

Das Thema wählen

- Wenn Sie im Vorfeld unsicher sind, ob ein Thema, das Sie persönlich wichtig finden, alle Ihre Schüler angeht, dann überlegen Sie, ob sie nicht zwei oder drei verschiedene Übungen zur Wahl stellen möchten.
- Wenn einem Schüler gerade ein anderes Thema wichtiger ist als das von Ihnen vorgeschlagene, dann lassen Sie ihm die Freiheit, über etwas anderes zu schreiben – denn ein Text über ein Thema, das einem Menschen gerade tatsächlich wichtig ist, wird wahrscheinlich besser als ein Text zu einem Thema, das einem gerade ferner ist.
- Vermeiden Sie es, gar kein Thema vorzuschlagen. Denn derjenige, dem dann nichts einfällt, kann schnell frustriert sein. Angebote zu machen, scheint mir richtig.
- Mindestens eine Übung, die Sie zur Wahl stellen, sollte Sie auch persönlich ansprechen. Damit geben Sie sich ein Stück weit zu erkennen, was Ihre Schüler wiederum ermutigen kann, sich in ihren Texten ebenfalls zu erkennen zu geben. Emotionalere Menschen, die sich selbst und ihre Beziehungen gern reflektieren, können den Schülern z. B. ein Thema vorschlagen wie „Typisch ich" oder „Wer willst du sein?". Wer sich mehr für die Außenwelt interessiert, könnte mit den Schülern z. B. kurz den Begriff der „Sozialen Wirklichkeit" klären und die Schüler dann einen Text zu ihrer persönlichen sozialen Wirklichkeit verfassen lassen. – Da die Schüler zumeist aus unterschiedlichen Stadtteilen, Schichten und Zusammenhängen kommen, kann das sehr spannend werden. Wer gern Spaß mag, schlägt vielleicht „Wie ich einmal Weihnachten überlebt habe" als Thema vor. Und wer es gern ein bisschen psychologisch mag, könnte ein Thema stellen wie „Wenn ich nicht ich selber wäre" – und die Schüler bitten, für sich selbst einen alternativen Lebenslauf zu schreiben. In der Regel verpasst sich jeder dann einen Lebenslauf, den er lieber hätte als den eigenen – und so erfährt man nebenbei etwas über die Sehnsüchte der Teilnehmer. Dass Sie auch hier ggf. mitschreiben, versteht sich von selbst; wer das nicht möchte, sollte so korrekt sein, ein so persönliches Thema nicht zu stellen.

Der Schreibprozess

Vertrauen Sie darauf, dass Ihre Schüler ihr Bestes geben. In der Zeit, in der im Stillen geschrieben wird, und das kann durchaus eine

Einführung — Tipps für die Lehrenden

Zeitstunde sein, sollten die Schüler die Möglichkeit haben, sich, wenn sie wollen, in eine Ecke zurückzuziehen oder auch den Raum zu verlassen. Wenn Sie als Lehrkraft das ganz selbstverständlich erlauben, ohne Misstrauen und die Aufforderung, dann aber auch wirklich zu arbeiten, dann hat es nichts Verbotenes mehr, in der Zeit nicht zu arbeiten. Ich selbst habe auch mit 13-Jährigen die Erfahrung gemacht, dass sie sogar Teamtexte, also Texte, die gemeinsam geschrieben und vorgetragen werden, völlig selbstständig und in hoher Qualität außerhalb des Workshop-Raumes erarbeitet haben.

Die Feedbackrunde

- Zeigen Sie selbst ggf. offen Schwäche: Wenn Sie nicht ganz fertig geworden sind mit Ihrem Text, weil die Schreibzeit vielleicht nicht ausgereicht hat, sagen Sie es. Wenn Sie unsicher sind, ob Ihr Text durchweg verständlich ist, fragen Sie konkret nach. Wenn Sie beim Schreiben das Gefühl hatten, dass das von Ihnen gewählte Thema vielleicht doch zu persönlich war, nicht zu Ihnen passt o. Ä., sagen Sie auch das.
- Es kann vorkommen, dass ein Schüler einen Text vorträgt, der Sie betroffen macht oder tiefer berührt (vielleicht vom Vater, der die Mutter schlägt oder von großer Einsamkeit). Loben Sie diejenigen, die sich an schwierige Themen heranwagen und nicht an der Oberfläche bleiben. (Sollten Sie sich verantwortlich fühlen oder verantwortlich sein, können Sie die betreffenden Schüler nach der Stunde ggf. persönlich ansprechen, wenn es geboten erscheint.) Das Gleiche gilt für politische Themen. Ich sage den Schülern z. B., dass man ein Publikum mit einem lustigen Text immer einfacher kriegt – dass die wirklich großen Slam-Poeten für mich aber diejenigen sind, die ein Publikum auch mit einem ernsten Text für sich einnehmen können.
- Bei aller Offenheit und Lockerheit: Seien Sie konsequent, wenn es darauf ankommt! Alle haben gleich viel Zeit vorzutragen, alle bekommen eine ordentliche Kritik. Die Schüler werden aufgefordert, ehrlich zu kritisieren, aber nie respektlos zu sein. Und wenn jemand doch einmal auch nur ein bisschen respektlos zu werden beginnt, stellen Sie sofort unmissverständlich klar, dass das nicht geht. Da ja alle kritisiert werden, weil alle vortragen müssen, gehen die Schüler in der Regel korrekt miteinander um.
- Sagen Sie möglichst allen Schülern, auch denen, deren Texte nicht überragend waren, was Sie an ihren Texten oder an ihrem Vortrag gut fanden. Die Schüler merken an der ganzen Stimmung, auch ohne ein vernichtendes Urteil, wo sie in etwa mit ihrem Text stehen, wen er angesprochen hat, wen nicht.
- Sagen Sie möglichst nicht, was nicht gut war, sondern was noch verbessert werden kann. Fragen Sie ggf. nach: *Hier habe ich etwas nicht verstanden. Wie hast du das denn gemeint?* Schlagen Sie eventuell vor, an einer bestimmten Stelle noch einen Satz mehr zu schreiben, damit der Inhalt verständlicher wird; ein paar Zeilen zu streichen, wo jemand vielleicht unnötig ausführlich wurde; evtl. ein anderes Wort zu finden, wenn eines davor schon mehrfach verwendet wurde. Auch auf grammatikalische und inhaltliche Fehler sollten Sie die Schüler möglichst aufmerksam machen.
- Machen Sie sich möglichst während des Vortrags eines jeden Schülers Stichworte. Lassen Sie zunächst die Mitschüler zu Wort kommen, bevor Sie sich dazu äußern, was Ihnen aufgefallen ist. Da es um Kunst und nicht um eine Rechenaufgabe geht, sind allzu forsche Bewertungen manchmal gar nicht angebracht.
- Länger als zwei oder drei Minuten muss ein gerade entstandener Text oft nicht besprochen werden. Das Schreiben und Vortragen

Tipps für die Lehrenden

Einführung

in der Gruppe sollte in jedem Fall im Mittelpunkt stehen. Verweisen Sie ggf. auf die Möglichkeiten der Textüberarbeitung ➪ *Das Überarbeiten von Texten*

- Achten Sie darauf, dass neben dem Feedback zum Inhalt auch ein Feedback zum Vortrag gegeben wird: War der vielleicht zu schnell, zu leise oder genau richtig? Hat die Körperhaltung gepasst? Wurden ein paar Pausen gesetzt oder ist jemand sehr durch den Text gehetzt? Hat jemand vielleicht schon variationsreich mit seiner Stimme gespielt? Da die Texte in der Regel gerade erst entstanden sind, kann natürlich von niemandem gleich ein perfekter Vortrag erwartet werden. Der kann weiter geübt und geprobt werden ➪ *Texte performen*.

Hinweise zum Buch-Teil „Texte verfassen"

- In diesem Teil des Buches geht es um das Verfassen von Texten: Zahlreiche Übungen zu unterschiedlichsten Themen werden präsentiert, außerdem typische Textgattungen und Stilmittel. Zudem gibt es Tipps zum Überarbeiten von Texten, zum eigenständigen und freien Schreiben sowie einige Anregungen zur Einschätzung literarischer Texte.
- Slam Poetry spielt, so modern auch ihr Erscheinungsbild ist, mit dem gesamten Spektrum lyrischer, dramatischer und epischer Gattungen, die hier kurz vorgestellt werden. Slam Poetry zeichnet sich insbesondere dadurch aus, dass sie sich Zuhörenden bereits beim ersten Hören grundsätzlich erschließt.

Alle Übungen (siehe unter II/1)) sind so gehalten, dass jede literarische Gattung an ihnen ausprobiert werden kann. Dennoch liegt es bei dem einen Thema näher, eine lustige Geschichte daraus zu machen, bei einem anderen, einen ernsteren, poetischen Text zu verfassen. Entsprechend wurden den Gattungen bestimmte Übungen zugeordnet.

Wo es sinnvoll erschien, wurde auch auf typische Gattungsmerkmale verwiesen ➪ *Stilmittel*.

Sofern es möglich war, wird auch auf im Buch abgedruckte Beispieltexte verwiesen.

Wer mehr Slam Poetry im Original lesen möchte, sollte sich das umfassende Reclam-Heftchen mit dem Titel: „Slam Poetry. Arbeitsmaterialien für den Unterricht" ➪ *Buch-Tipps* besorgen.

Hinweise zum Buch-Teil „Texte performen"

Auf diesen Seiten geht es um den passenden Vortrag der eigenen Texte.

- Worauf sollte grundsätzlich geachtet werden?
- Wie wähle ich die richtigen Texte aus?
- Wie bereite ich mich vor?
- Wie kann ich mich auf der Bühne verhalten?
- Wie gehe ich damit um, wenn ein Text auf der Bühne nicht oder besonders gut funktioniert?

Tipps für Schreibende

Einführung

Dieses Buch richtet sich nicht nur an Lehrende, sondern auch an dich, wenn du selbstständig Texte schreiben möchtest, die bei Poetry Slams funktionieren, und wenn du diese Texte gut vortragen möchtest.

Dieses Übungsmaterial kannst du auf verschiedene Arten nutzen.

Texte verfassen kannst du so:

1. Du suchst dir eine ⇨ *Übung* aus, die dich inhaltlich interessiert, und machst sie.
2. Du suchst dir eine literarische ⇨ *Gattung* aus, die dich interessierst, liest dir durch, was diese Gattung kennzeichnet, und gehst dann weiter zu einer der Übungen, an der sich die Gattung gut ausprobieren lässt.
3. Du suchst dir ein literarisches ⇨ *Stilmittel* aus, das dich interessiert, liest dir durch, wie es eingesetzt wird, und versuchst dann, anhand einer der angegebenen Übungen, es anzuwenden.
4. Du schreibst drauf los, ohne auf Übungen, Gattungen, Stilmittel zu achten. Lies dir davor durch, was ich ⇨ *Über das freie Schreiben* geschrieben habe.

Texte verbessern kannst du so:

1. Du liest dir das Kapitel ⇨ *Über das Nachahmen und die Eigenständigkeit* durch und wendest seinen Inhalt an, soweit er dich und deine Texte betrifft.
2. Du liest dir das Kapitel ⇨ *Das Überarbeiten von Texten durch* und wendest seinen Inhalt an, soweit er dich und deine Texte betrifft.

Texte performen kannst du so:

1. Lies dir erst einmal ⇨ *Mach dir klar, was zu dir passt* durch. Danach müsstest du schon grob wissen, worauf es bei dir ankommt.
2. Gehe dann weiter zu ⇨ *Lampenfieber ist nicht schlimm* ⇨ *Bereite deinen Text vor* ⇨ *Die Textauswahl* und ⇨ *Weitere Vorbereitungen*.
3. Lies dir durch, worauf du direkt vor deinem Auftritt, auf der Bühne und nach deinem Auftritt achten solltest ⇨ *Direkt vor dem Auftritt* ⇨ *Die Bühnensituation* ⇨ *Nach dem Auftritt*.

Weiterlesen und -lernen kannst du so:

1. Lies dir die Internet-Tipps durch und besuche Seiten, die dich interessieren.
2. Lies dir die Buch-Tipps durch und kaufe oder leihe dir Bücher, die dich interessieren.
3. Informiere dich, wo es in deiner Stadt Poetry Slams und Lesebühnen gibt. Wenn es keine gibt, gründe ggf. selbst einen Slam. Wie das geht, kannst du unter ⇨ *Einen Poetry Slam veranstalten* finden.

Texte verfassen

1. Übungen

    1.1 Person und Lebenswirklichkeit 14

    1.2 Liebe 32

    1.3 Spaß und Fantasie 36

2. Textgattungen

    2.1 Poesie 45

    2.2 Prosa 50

    2.3 Dramatik 54

3. Literarische Stilmittel

    3.1 Formale Stilmittel 56

    3.2 Inhaltliche Stilmittel 59

4. Über das Freie Schreiben 62

5. Über das Nachahmen und die Eigenständigkeit 65

6. Das Überarbeiten von Texten 66

7. Was ist denn nun ein guter Text? 67

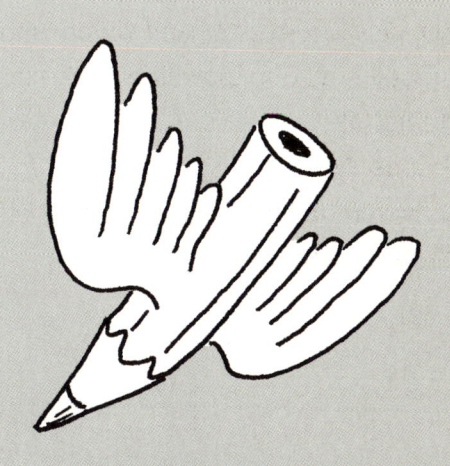

Typisch ich

Wer bist du denn?

■ Vorbereitung
3 Minuten

Du brauchst Stift und Papier.
Schreibe auf einem Blatt das komplette ABC untereinander, und zwar an den linken Blattrand, sodass dort eine Säule aus 26 Buchstaben steht.

■ Sammeln
12 Minuten

Sammle jetzt auf dem vorbereiteten Blatt Worte zu dir selbst.
Versuche, zu jedem Buchstaben mindestens ein Wort zu finden.
Wenn es nicht ganz klappt: kein Problem.
Es können Adjektive sein, wie „temperamentvoll" oder „faul".
Verben wie „chillen" oder „tanzen".
Substantive wie „Handball" oder „Trompete".

■ Schreiben
40 Minuten

Schreibe einen Text, in dem du dich vorstellst. Verwende dabei mindestens sieben der Begriffe, die du oben gesammelt hast. Ob es eine Geschichte oder ein Gedicht wird, ist dabei egal.

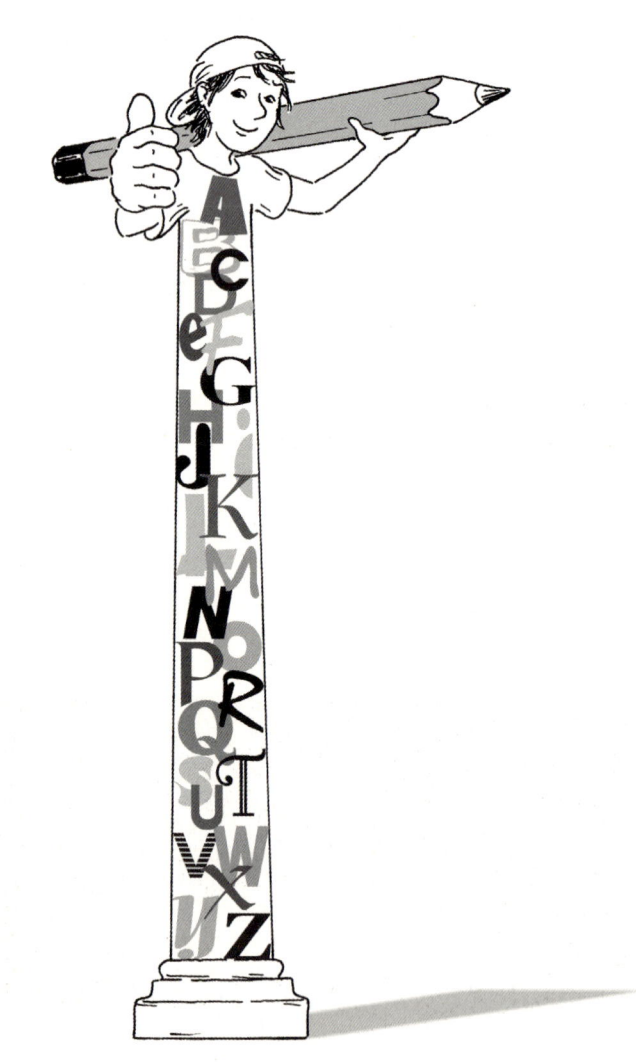

Person und Lebenswirklichkeit

Übungen

Soziale Wirklichkeit

Was ist deine soziale Wirklichkeit? Das heißt: Von welcher Welt bist du umgeben? Wie verhalten sich die Menschen dort? Wie leben sie?

Vorbereitung
1 Minute

Du brauchst Stift und Papier.

Einstieg

- Lies die beiden Gedichte. Am besten laut.
- Schau dir in Ruhe die beiden Welten an, die vor deinem inneren Auge entstehen. Haben diese Welten etwas mit der Welt zu tun, in der du lebst?

Feuer und Eis
7 Minute

Kersten Flenter

Hier im Westend spielen die Kinder mit Terpentin
Und die Vögel fallen von den toten Bäumen wie Kastanien
Die Ratten stolpern in den Hofeinfahrten über Scherben
Und die Überfälle auf den Kiosk geschehn nur still und heimlich in der Nacht

Die Zeitung kenn' ich nur noch als Verpackung für 'nen Döner
Das Blut der Erschossenen rinnt aus den Monitoren
Und die besetzten Häuser räumen sie neuerdings
Mit Mietverträgen

Sie predigen die Hoffnung um der Hoffnung willen
Aber lass dich nicht täuschen: Hier wird's nie wieder Sommer
Die Fernsehaltäre in unseren Wohnzimmern ersetzen den wärmenden Kamin
Und wir sitzen in unseren Sesseln wie Eiswürfel in ihrer Box

Hier im Westend fallen die Kinder in die Gullis
Die Videos des alltäglichen Krieges fressen sich wie Zecken ins Hirn
Wir warten, wir warten, wir warten
Auf die Einblendung auf dem Bildschirm, die sagt: Dies ist wirklich

Es ist Zeit, es ist Zeit
Ich weiß, es ist Zeit
Die Verhältnisse wieder
An den Träumen zu messen

Übungen — *Person und Lebenswirklichkeit*

Soziale Wirklichkeit (Fortsetzung)

Kurz vor acht
Lilja Girgensohn (14 Jahre)

Weiße Lackstiefel so weit das Auge reicht.
Die Luft vernebelt vom Zigarettendunst.
„Fotze isch schlag disch" und *„Deine Mudda alda!"*
sind wohl noch das Intelligenteste, was hier an Worten gewechselt wird.
Morgens, kurz vor acht vorm Schultor.

Ordentlich sitzen am Abendbrottisch!
Bio-logisch!
Um halb acht zu Hause sein, um neun im Bett.
Fernsehen gibt es schon seit einem Jahr nicht mehr.
Es verblödet zu sehr, sagen sie.
Abends kurz vor acht zu Hause.

Mitten dazwischen:
Eine 8. Klasse.
Eine Mischung aus geordneter Familie und Lackstiefel tragenden Frutten.
Eine Mischung, klappt das?
Selten, sehr selten. Aber wenn es klappt, dann ist es wie der sonnige Mittag zwischen abends acht und morgens acht.

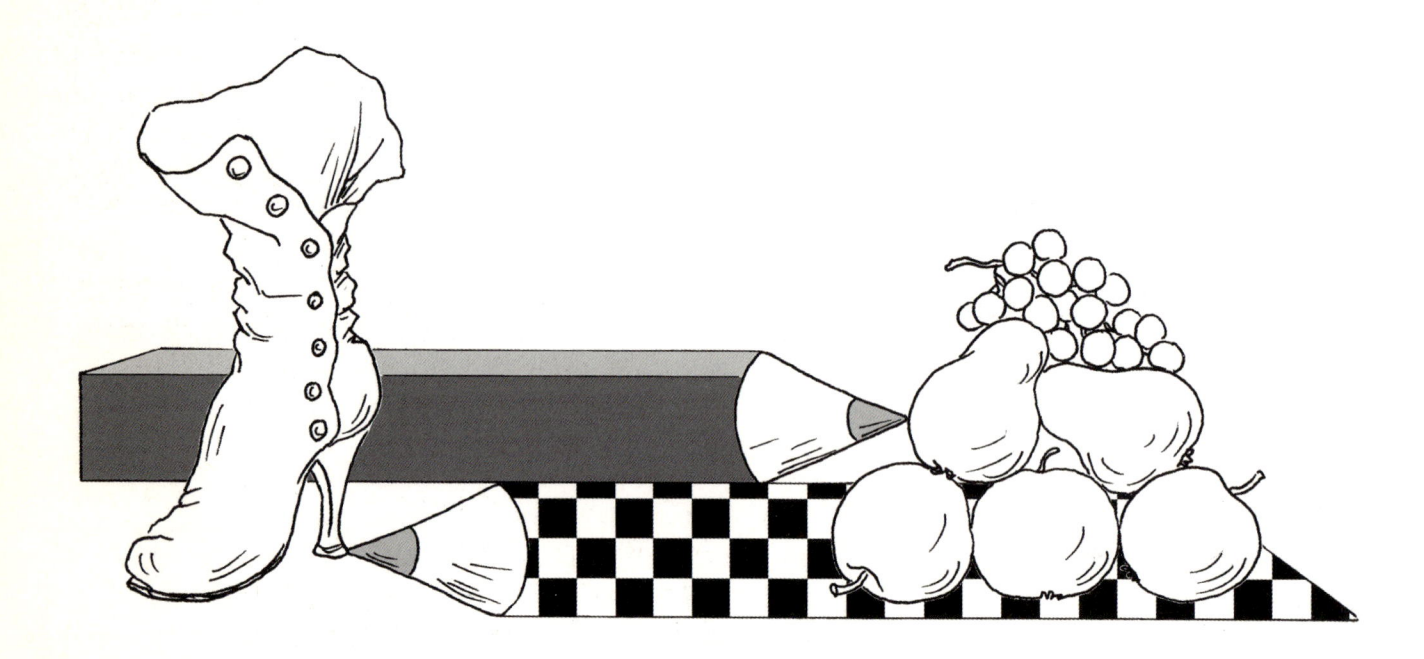

Schreiben — 45 Minuten
- Schreibe einen Text über deine soziale Wirklichkeit.
- Wenn du schon weißt, wo es hingehen soll, dann schreibe gleich drauf los.
  Ansonsten: Mache dir erst einmal Notizen.
  Verarbeite diese dann zu einem Text.

Person und Lebenswirklichkeit

Übungen

Der Lieblingsplatz

Es wird ihn geben, deinen Lieblingsplatz. Vielleicht ist es dein Bett, ein bestimmtes Café, eine Wiese?

Vorbereiten
3 Minuten
- Du brauchst Stift und Papier.
- Wenn du genau weißt, was dein Lieblingsort ist, dann geh gleich weiter zu ⇨ Sammeln.
- Wenn du erst ein bisschen über deine Lieblingsplätze nachdenken willst, vielleicht sind es ja mehrere, dann nimm dir etwas Zeit.
- Wenn du keinen Lieblingsort hast, aber einen Ort, den du hasst, dann schreibe über den: der Biologiesaal deiner Schule; der Esstisch, an dem immer gestritten wird; ein anonymes Einkaufszentrum …?

Sammeln
Schreibe die Buchstaben deines Lieblingsplatzes untereinander und sammle zu jedem Buchstaben Wörter, die du mit dem Ort in Verbindung bringst.

Beispiel
In Wuppertal gibt es einen großen Hügel, an dessen Hang eine große Wiese liegt, auf der im Sommer Jugendliche sitzen. Dieser Hügel heißt Hardt. So könnte in diesem Fall das sogenannte „Akrostichon" aussehen:

- **H** Hang, Himmel
- **A** Abhängen, Aalen
- **R** Reden, Rappen, Regen, Rennen
- **D** Didgeridoo, Denken, Donner
- **T** Tor, Typ

Schreiben
45 Minuten
Verfasse einen Text, der etwas mit dem Ort zu tun hat, zu dem du gerade Wörter gesammelt hast. Es geht nicht darum, einen Text zu schreiben, in dem alle gesammelten Wörter vorkommen, sondern einen Text zu schreiben, den du magst.

Beispiel
Ich häng' mit dir am **Hang** ab.
Wir **rappen** bis es **donnert**.
Als der **Regen** aus dem **Himmel** fällt,
rennen wir zum Bus.
Wir **rappen** um die Welt
bis nach Elberfeld.
Typisch.

Tipp
Achte auf die Sprachmelodie! Es hilft, wenn du die Worte beim Schreiben laut sprichst.

So ein kleines Gedicht kann schnell entstehen. Wenn noch Zeit ist und du Lust hast, schreibe einen weiteren Text nach der gleichen Methode: zu einem anderen Ort, den du magst. Oder schreibe von vornherein einen längeren Text.

Übungen
Person und Lebenswirklichkeit

Pubertät

Pubertät ist, wenn die Eltern anfangen zu spinnen. Pubertät ist eine Krankheit. Pubertät ist komisch.
Pubertät ist eine ziemlich lange Brücke zwischen Kindheit und Erwachsensein. Wie bist du über diese Brücke gekommen? Hatte sie ein Geländer? Bist du wagemutig in den Fluss des Lebens gesprungen?
Stehst du noch immer auf dieser Brücke? Oder betrittst du sie vielleicht gerade erst?

■ Vorbereitung   1 Minute
Du brauchst Stift und Papier.

■ Einstieg   15–20 Minuten
Lies die beiden Textbeispiele.

Käsearsch
Lilja Girgensohn (14 Jahre)

Los, komm, hol mich ab,
hast du ein Motorrad?
Lass uns fahren,
ohne Helm mit flatternden Haaren!

Guck wie schön der Himmel ist,
der helle Stern da, das ist unserer,
die Luft ist lau, deine Hüfte unter meinen Händen, meine Haare im Wind
willst du mit mir schlafen?
Ich weiß, ich wollte warten, aber guck dich um, alles ist perfekt, und ich will, jetzt.

Wie, du willst auch?

Der Wind in meinen Ohren, tut mir leid, ich versteh dich nicht.
Aber kannst du mir mal meine Jacke geben, mir ist kalt.
Nein, ich will nicht mit dir schlafen, lass mich.
Meine rosa Brille, ich will sie behalten!
Geh weg, du Arsch, du gehörst nicht in meine Welt, du bist nicht babyblau!

Was, Hilfe, wo bist du?
Hier ist es doof ohne dich,
der Fahrtwind peitscht mir ins Gesicht!
Komm sofort her! Ich will das Leder deiner Jacke
und gerne auch die Bräune deiner Haut unter meinen Fingern spüren!
Lass uns verrückt sein! Da ist ein Waldsee, wollen wir baden?
Wie, du hast kein Badezeug dabei? Ist doch egal!

Person und Lebenswirklichkeit

Dreh dich um, ich will ins Wasser!
Und rede nicht so viel, still ist's hier viel schöner!
Dein Arsch sieht aus wie ein Mond aus Käse auf dem Wasser. Warum bist du am Arsch nicht braun?
Bring mich nach Hause, ich will in mein Bett!
Oh nein, du hast doch gesagt, du verstehst, dass ich warten will, ich will in mein Bett, ja, aber alleine!
Und warum hast du keinen Helm für dein Motorrad? Willst du, dass wir beide krepieren?

Hey, willst du noch mit hoch kommen?
Ich glaube, meine Eltern sind nicht da ...
Und der Regenguss eben war ziemlich heftig, wär' vielleicht ganz gut, wenn deine Hose mal meiner Heizung Hallo sagen würde ...

Magst du auch ein' Tee? Ich hab' wunderschönen Gute-Nacht-Tee, wie, du willst nicht müde werden? Mhm, du hast recht, du musst in einer halben Stunde zu Hause sein, na ja, dann Tee nur für mich. Solltest du nicht langsam los? Ist viel Verkehr grad', und du willst ja nicht zu spät kommen!
Deine Mutter macht sich bestimmt schon Sorgen, los, du solltest dich beeilen! Los, sonst kommst du wirklich zu spät! Los, geh jetzt.

Wie, warum gehst du jetzt?

Wie, was, ich bin dir zu kompliziert?
Zu kompliziert?

Clara Cordula
Johanna Wack

Unsere 16-jährige Tochter Clara Cordula wollte Popstar werden.
Alles begann, als eines Abends seltsame Geräusche aus Clara Cordulas Zimmer kamen.
„N soo ei came to see him n listen for a whiheiheiheil."
„Musik", flüsterte ich, „ich glaube, sie versucht zu singen."
„Das hört sich an wie die letzten Worte meiner Großmutter", sagte Jan-Hendrik, „aber die schrie nach mehr Morphium."
„Killin me softly wiss his song tellin mei hohl life wiss his words, killin me sooftlyy!"

Am nächsten Tag sagte Clara Cordula, so ganz nebenbei:
„Übrigens, ich werde Popstar."
Es wurde schlagartig ruhig am Tisch.
„Wie bitte?", fragte Jan-Hendrik.
„Popstar", sagte Clara Cordula, „es gibt jetzt wieder Castings, die wollen 'ne neue Band zusammenstellen, wie die No Angels, ihr wisst schon."
Jan-Hendrik und ich sahen uns an.
Plötzlich war alles anders.
Wir waren die Eltern von einem dieser Kinder, die sich in einer Casting-Show blamieren und bei denen man sich fragt, warum die Eltern und Freunde dieser bemitleidenswerten Kreatur vorher nichts dagegen getan haben, warum sie sie nicht aufgehalten und an diesem Auftritt gehindert haben, warum sie ihnen nicht gesagt haben, dass sie nicht singen können, und am Ende war meine Lösung immer die gewesen, dass sie gar keine Freunde haben und womöglich auch keine Eltern, dass sie arme Heimkinder sind, die versuchen, ihr übersteigertes Bedürfnis nach Aufmerksamkeit in einer Castingshow zu befriedigen, in der sie nach Liebe und Freunden suchen und nur Häme und Worte der Verachtung finden.
Aber ich hatte mich wohl getäuscht.
Diese Kinder sind mitten unter uns.
„Aber du kannst doch überhaupt nicht singen", sagte ich hilflos.
„Macht nichts", sagte Clara Cordula, „ich übe. Außerdem suchen die Talente und keine fertigen Sänger."
„Aber du bist kein Talent", sagte ich.
„Das", sagte Clara Cordula selbstsicher, „sollen immer noch die beim Casting beurteilen."
Ich versuchte, unseren letzten Trumpf auszuspielen:
„Claramaus", sagte ich so sanft ich konnte, „mit deinem Namen kannst du nicht Popstar werden." Sie sah mich wütend an. „Hätten wir gewollt, dass du Popstar wirst, hätten wir dich Angel Eve oder Jenny Cheyenne oder so genannt. Aber Clara Cordula, entschuldige mal, der Name ist so uncool, damit kannst du nur studieren."
Clara Cordula sprang auf. Sie wusste, dass ich recht hatte, schon in der Grundschule war sie wegen ihres Namens geärgert worden.
„Und warum habt ihr mir überhaupt diesen Scheißnamen gegeben, hä?"
„Weil wir nicht wollten, dass du Popstar wirst", sagte ich ruhig.
Clara Cordula zischte: „Ich hasse euch!" und stampfte in ihr Zimmer. Jan-Hendrik sah unglücklich aus.

„Alles ist gut", sagte ich und nahm seine Hand, „Ich habe mal gehört, wenn Jugendliche „Ich hasse euch" sagen, dann weiß man, dass man alles richtig gemacht hat."
Am nächsten Morgen sah Clara Cordula fröhlicher aus, als ich erwartet hatte.
„Ab heute", sagte sie entschlossen, „dürft ihr mich C. C. nennen!"

Person und Lebenswirklichkeit

Selbstverständlich haben wir das ignoriert. Ihre täglichen Übungsstunden zu ignorieren war dagegen wesentlich schwieriger.
Wir mussten zu härteren Mitteln greifen.
„Dein Leuchtturm steht nun anderswo und nicht mehr hier bei mir", sang ich, so laut ich konnte. Jan-Hendrik setzte ein: „Drum halt mich fest und sage mir, was ist der Wunsch von Dir?" Und schließlich zusammen: „Ich wünsch' dir Liebe ohne Leiden und eine Hand, die deine hält, ich wünsch' dir Liebe ohne Leiden und dass dir nie die Hoffnung …" – „Was macht ihr da?", rief Clara Cordula, die plötzlich im Türrahmen stand.
„Wir üben für Popstars", sagte Jan-Hendrik.
„Ihr macht was? Spinnt ihr?", fragte sie ungläubig und musterte unsere neonfarbenen Schlaghosen.
„Wir wollen auch Popstars werden", erklärte ich ihr, „wenn du mitmachst, dann machen wir auch mit, ist das ein Problem?"
„Ob das ein Problem ist? Seid ihr blöde? Das ist voll peinlich! Meine Eltern in Hippie-Kostümen singen Schlager bei Popstars, oder was? Nee, das geht ja gar nicht!" Sie lief aufgebracht im Zimmer hin und her.
„Doch", sagte ich, „und wir haben sogar eine Choreographie einstudiert, guck!" Ich warf mein Bein hoch und streckte den Hintern in die Luft. Jan-Hendrik machte es mir nach.
„Nein!", schrie Clara Cordula, „ich will das nicht sehen! Ich will nicht die Tochter von solchen peinlichen, alten Säcken sein, die sich mit hässlichen Klamotten und peinlichen Songs in einer Castingshow blamieren! Niemals! Vorher sterbe ich!"
Wir guckten betroffen. Peinliche, alte Säcke war hart.
„Dann willst du nicht mehr Popstar werden?", fragte Jan-Hendrik.
„Nein", sagte Clara Cordula, „schon gut, ihr habt gewonnen."

Mittlerweile ist der Vorfall einige Wochen her.
Jan-Hendrik redet immer noch davon, dass wir es „ganz bestimmt in den Recall geschafft" hätten.
Und Clara Cordula will jetzt zur Bundeswehr.

■ Schreiben

1 Stunde

Schreibe einfach drauf los. Denk erst einmal nicht viel nach.
Den Text überarbeiten ⇨ *Überarbeiten von Texten* kannst du später, jetzt geht es erst einmal um deine spontanen Einfälle, Erinnerungen, Gefühle, Befürchtungen.

Angst

Über Angst reden wir gar nicht so oft, dabei haben wohl alle Menschen öfter Angst: vorm Tod, vor der Liebe, vorm Fliegen, vor Spinnen, vor Hunden, vor Unwettern, um den eigenen Körper, den Job, um andere Menschen …
Angst, hörte ich, schütze den Menschen, weil sie ihn vorsichtig mache. Angst sei sogar ein Instinkt. Angst mache aber genauso schwach. Müsse bekämpft oder ausgehalten werden. Meinungen zur Angst gibt es anscheinend viele.
Über Angst lässt sich nachdenken – schwerlich aber nur, wenn die Angst gerade akut ist. Wenn die Angst akut ist, bereitet sich der Körper vor: auf Angriff oder Flucht. Der Blutdruck steigt. Die Herzfrequenz steigt. Die Muskeln spannen sich an.

Vorbereitung
1 Minute
Du brauchst Stift und Papier.

Sammeln
15 Minuten
1. Schreibe auf einen Zettel so viele Zahlen untereinander wie du Jahre alt bist. Wenn du 17 bist, schreibe also die Zahlen 1–17 untereinander.
2. Versuche dich zu erinnern, welche Ängste du im Laufe deines Lebens hattest.
   Mache dir Notizen hinter den Zahlen, zu denen dir etwas einfällt.
   Gibt es eine Angst, die dich über Jahren begleitet hat, vielleicht noch immer begleitet? Ist dir ein Erlebnis in Erinnerung, das dir besonders Angst gemacht hat? Sind dir einmal Menschen begegnet, die furchtbar Angst hatten?

Schreiben
50 Minuten
Schreibe deine Geschichte der Angst.
Benutze dafür die Notizen, die du gesammelt hast.

Tipp

Wenn du das Thema nicht ernst angehen willst, kannst du natürlich auch einen lustigen Text über all die unnötigen Ängste schreiben, die ein Mensch hat, wie du einmal jemanden erschreckt hast oder ähnlich.
Wenn du entdeckt hast, dass es eine scheinbar besonders wichtige oder starke Angst in deinem Leben gibt, dann schreibe vielleicht nur über sie.
Und wenn du nicht über deine Ängste schreiben willst, schreibe vielleicht über die der Anderen. Der Fussball-Fan, der Angst hat, dass seine Mannschaft verliert. Die Mutter, die Angst hat, dass sie ihr Kind verliert. Der Onkel, der Angst hat, dass seine Wertpapiere an Wert verlieren.

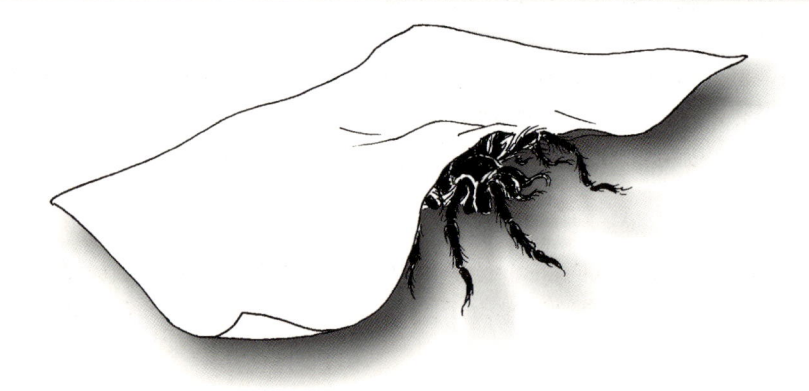

Person und Lebenswirklichkeit

Die Sucht ist eine Suche

… und die Sucht ist eine Flucht. Wer umgeben ist von Suchenden und Flüchtenden, wird selber ganz unruhig.
Ein Mann sagte einmal zu mir, Drogen zu nehmen sei Urlaub von sich selbst zu machen. Ich habe gesagt: „Da mach' ich lieber ein bisschen Yoga und dabei Urlaub mit mir selbst."
Abhängigkeiten von Alkohol, Drogen, Zigaretten, von Sex, Kicks und Nähe sind verbreitet. Der Alkoholismus wird ja sogar als Volkskrankheit bezeichnet.
Über süchtige Menschen kann man manchmal liebevoll lachen: Mensch! Der braucht schon wieder ein Bier, um sich wohl zu fühlen! Na, ist halt ein bisschen schüchtern/unsicher/hilflos …
Wer mit Suchtkranken zusammenlebt, dem vergeht immer wieder das Lachen: Mensch! Der trinkt noch ein Bier! Dabei wollten wir doch reden/planen/aufräumen …

Vorbereitung
1 Minute

Du brauchst Stift und Papier.

Einstieg
15 Minuten

Wenn du, bevor Du mit dem Schreiben beginnst, etwas über Süchte nachdenken willst, dann lies die folgenden Fragen durch und beantworte sie für dich.

> ⇨ Wie hältst du es mit Drogen?
> ⇨ Wie hält es dein Umfeld mit Suchtmitteln?
> ⇨ Nervt es dich, wenn andere maßlos trinken, rauchen oder Ähnliches?
>   Oder hast du selber Spaß daran?
> ⇨ Wie erlebst du die Nebenwirkungen von Suchtmitteln? Den Kater?
>   Die verklebte Lunge? Die Vergesslichkeit? Trägheit? Niedergeschlagenheit?
> ⇨ Wie erlebst du die Nebenwirkungen, die Menschen in deinem Umfeld nach dem Missbrauch von Suchtmitteln haben?
> ⇨ Und wie erlebst du Freunde, die in ihrer Familie oder Beziehung mit einem Suchtkranken umgehen müssen?

Schreiben
45 Minuten

Wähle eine der beiden Möglichkeiten, deinen Text zur Sucht zu schreiben:
1. Die Perspektive wechseln
   Du brauchst nicht aus der Ich-Perspektive zu schreiben. Du kannst genauso gut eine Figur erfinden, die erlebt, was du erlebt hast. Also schreibe zum Beispiel nicht *Ich war gestern sehr betrunken,* sondern *Peer war gestern besoffen.*
2. Aus der Ich-Perspektive schreiben
   Genauso kannst du aus der Ich-Perspektive schreiben, ohne dabei deine eigenen Erfahrungen einzubauen. Du tust einfach so, als seist du jemand anderes.
   Wenn du aus der Ich-Perspektive von deinen Erfahrungen schreiben willst, ist das vielleicht besonders mutig.

Generell kannst du auch bei diesem Thema von vorne bis hinten alles erfinden: eine neue Droge, einen Außerirdischen, der sie probiert, eine einsame, alte Frau, die auf ihrem Sofa sitzt und trinkt …

Person und Lebenswirklichkeit

Übungen

Bekannter Größenwahn

Vorbereitung
1 Minute

Du brauchst Stift und Papier.

Einstieg
10 Minuten

Letztes Jahrhundert hat sich plötzlich ein kleines, hässliches, schwarzhaariges Männchen hinter Mikrofonständer gestellt und ins Land gebrüllt, dass der große und blonde Mensch der auf jeden Fall beste sei.
„Heil!", riefen Millionen von großen und kleinen Menschen aller möglichen Haarfarben, doch davon wurde das schmächtige Männchen auch nicht blonder und größer, und es richtete mit den „Heil"-schreienden Millionen eine der größten Katastrophen in der Geschichte der Menschheit an.
Wie konnte es nur dazu kommen, frage ich mich heute noch manchmal ungläubig. Hätte ich selbst damals mitgeschrien?

Vielleicht liegt es nahe, dass Hitler größte Komplexe und Aggressionen hatte, und aus diesen Komplexen und Aggressionen heraus seine menschenverachtenden Größenvorstellungen entwickelt hat, um sich stärker zu fühlen. Er hatte z. B. als Künstler keine Anerkennung gefunden, war anscheinend nicht gesund und in psychiatrischer Behandlung.
Vielleicht liegt es auch nahe, dass viele Deutsche nach der Erfahrung des Ersten Weltkrieges Komplexe und Aggressionen hatten: Die Höhe der Wiedergutmachungszahlungen an andere Länder wurde in der öffentlichen Diskussion teils als ungerecht dargestellt, die Wirtschaftskrise Ende der 20er-Jahre entwertete zusätzlich das Geld.
Vielleicht hat Hitler mit Versprechungen an den größeren Teil der Bevölkerung diesem Teil Hoffnung gemacht und ihre Aggressionen durch seine Hetzreden gegen kleinere Bevölkerungsteile kanalisiert.
Zahlreiche weitere Gründe dürften zur Katastrophe des Dritten Reiches und des Zweiten Weltkrieges beigetragen haben.

Heute verführt uns kein Hitler, wir leben in einem demokratischen Staat und sind uns, denke ich, fast alle der Verantwortung bewusst, unsere Demokratie zu erhalten.

Politischen Größenwahn nehmen wir vielleicht manchmal bei Machthabern anderer, insbesondere diktatorischer Staaten wahr; in weit kleinerem Rahmen vielleicht auch gelegentlich bei Politikern unseres Landes, die durch kritische Medien, Wahlen und öffentliche Diskussionen dann aber in der Regel rasch zurechtgewiesen werden.

Doch Größenwahn begegnet uns manchmal auch im Privaten: Vielleicht bei uns selbst, wenn wir unsere Kräfte – unaufmerksam – einmal völlig überschätzen. Uns klüger, schöner, größer darstellen als wir sind. Wenn wir Versprechungen machen, die wir nicht halten können.

Größenwahn kann uns in unserem Umfeld begegnen. Ich selbst habe mich einmal verführen lassen von den großen Worten eines Menschen: Ich habe Worten, die ich als unrealistisch hätte erkenne müssen, Glauben geschenkt – weil sie so schön klangen, weil ich Schönes hören wollte. Und als sich die schönen Worte später als Illusionen entpuppten, wollte ich es erst nicht glauben, war sehr enttäuscht und musste mir dann in Erinnerung rufen, dass ich selbst es gewesen war, die die großen Zweifel an den Worten in einem bestimmten Moment einfach beiseite geschoben hatte.

Person und Lebenswirklichkeit

1.1 — Übungen

Schreiben

Schreibe einen Text über Größenwahn und seine Auswirkungen.

> **Tipp**
> - Hast du dich schon einmal täuschen lassen vom großen Gehabe oder zu großen Versprechungen eines anderen Menschen?
> - Gibt es in deinem Umfeld Menschen, von denen du meinst, dass sie sich blenden lassen?
> - Hast du noch Menschen kennengelernt, die das Dritte Reich erlebt haben? Wie gehen sie mit ihrer eventuellen Verblendung durch Hitler um? Schämen sie sich? Schweigen sie? Haben sie Schuldgefühle? Setzen sie sich auseinander?

Du kannst auch einen lustigen Text zum Thema verfassen, übersteigertes Selbstwertgefühl kann ja manchmal auch Anlass zu fröhlichem Lachen geben.

| Übungen | *Person und Lebenswirklichkeit* |

Wer willst du sein? Wer bloß nicht?

Das kannst du ein Stück weit herausfinden, indem du schaust, was du an dir und anderen magst, und was nicht. Auch anhand deiner Vorbilder kannst du dir über deine eigenen Wünsche klarer werden.

■ Vorbereitung   **2 Minuten**
Du brauchst Stift und Papier.
Lege ein Blatt quer und zeichne drei Spalten, indem du zwei senkrechte Striche ziehst.
Drehe das Blatt um und zeichne auf der Rückseite ebenfalls drei Spalten.

■ Sammeln
1. **Spalte Vorderseite ⇨ Namen**   **2 Minuten**
   Sammle in der ersten Spalte Namen von **Menschen, die du toll findest,** weil sie etwas Besonderes sind oder können:
   - Menschen aus deiner Familie oder aus deinem Bekanntenkreis
   - Menschen aus der Öffentlichkeit, zum Beispiel aus Sport, Politik, Kultur
   - Figuren aus Büchern, Filmen, Fernsehen, Theaterstücken

   Schreibe die Namen untereinander. Vergiss deinen eigenen nicht.

1. **Spalte Rückseite ⇨ Namen**   **2 Minuten**
   Auf der Rückseite sammelst du jetzt in der ersten Spalte Namen von Menschen und Figuren, die du nicht vorbildlich findest. Es können die gleichen Namen wie auf der Vorderseite sein, wenn du an jemandem manches gut, anderes aber schlecht findest.

2. **Spalte Vorderseite ⇨ positive Eigenschaften**   **5 Minuten**
   Spalte Rückseite ⇨ negative Eigenschaften
   In den beiden mittleren Spalten werden Stichworte gesammelt, warum diese Personen vorbildlich oder eben nicht vorbildlich sind. Vor allem Eigenschaftsworte.
   Wie ist die Person?
   Zum Beispiel:
   Positiv: stark, mutig, liebevoll, mütterlich, lustig usw.
   Negativ: zickig, unfreundlich, brav, angepasst, mutlos usw.

3. **Spalte Vorderseite ⇨ positive Sinnbilder**   **5 Minuten**
   Spalte Rückseite ⇨ negative Sinnbilder
   In der dritten Spalte geht es jetzt darum, Sinnbilder für diese Menschen zu finden.
   - Zum Beispiel Tiere: Die Person ist wie ein Papagei, eine graue Maus, ein Elefant usw.
   - ... Landschaften: Die Person ist wie ein Berg, der mich beschützt; wie eine Blumenwiese, in die ich mich legen kann, wie der Ozean, so frei und weit usw.
   - ... Elemente oder Dinge: Die Person ist wie ein Edelstein, wie die Luft, der Wind, wie ein alter Herd, den jemand an die Straße gestellt hat usw.

Person und Lebenswirklichkeit

Übungen

Schreiben
Schreibe einen Text, mithilfe deiner gesammelten Wörter.

> **Tipp**
> - Du kannst aus den gesammelten Wörtern auf der Vorderseite dein Vorbild bauen. Vielleicht, indem du tust, als seist du selbst dieser Wundermensch: *Ich bin eine Frau wie ein Papagei, bunt und laut, immer da, wenn mich meine Freundin braucht* usw.
> - Du kannst eine Liebeserklärung an ein Vorbild, zum Beispiel eine echte Freundin, schreiben: *Du bist ein bunter Vogel, du bist immer für mich da* usw.
> - Du kannst eine wirkliche Person beschreiben: *Ich möchte sein wie Tante Else, denn Tante Else* usw.
> - Du kannst aber auch einen echten Hass-Text schreiben, vielleicht, um die bösen Geister zu vertreiben: *Nur nicht sein wie du! Du trägst dem Papa alles hinterher! Hast kein eigenes Leben!* Oder: *Niemals will ich sein wie Onkel Herbert, diese Ratte, die bloß den Müll frisst, den man ihr übrig lässt.* Oder: *Ich möchte nie wie Paris Hilton sein* usw.

Ob eine Geschichte, ein Gedicht, ein Brief oder ein Liedtext entsteht – ganz egal! Der Inhalt findet die passende Form.
Ein Text, der sowohl aufzeigt, wie du sein willst, als auch, wie du nicht sein willst, kann besonders spannend sein.

Meine Nerven!

Ein Typ schleicht um dich herum, seit Tagen, du findest ihn widerlich.
Eine Frau, mit der du zusammen arbeiten musst, ist bloß noch missmutig und erinnert dich zunehmend an eine Hexe.
Du fährst Bahn, bist müde und willst schlafen, und um dich herum wird gesoffen, gebrüllt und gestritten.
Irgendwann reicht es einfach. Deine Bosheit ist gefragt.

Vorbereitung
1 Minute

Du brauchst Stift und Papier.

Sammeln
10 Minuten

Sammle Dinge und Situationen, die dich einfach nur nerven.
Mach dir Notizen.

Tipp
Du kannst Ideen auch erst einmal zeichnen, bevor du sie in Worte fasst.

Schreiben
45 Minuten

Schreibe einen bissigen Text, in dem du – ruhig richtig übertrieben – die Welt darauf aufmerksam machst, dass du grundsätzlich recht hast, während um dich herum arme Irre und Teufel dein Leben ruinieren.
Lass die Welt vielleicht darüber im Unklaren, um wen es sich bei den Teufeln und Irren wirklich handelt. Denn „Irre" und „Teufel" verstehen womöglich nicht jeden Spaß, den du hast und machst.

Person und Lebenswirklichkeit

Die totale Erschöpfung

Sie ist nicht vorgesehen. Man spricht von ihr nicht überall. Aber es gibt sie. Die totale Erschöpfung. Zu viel geliebt, zu viel gelebt, zu viel gearbeitet. Plötzlich machst du schlapp. Dein Körper sagt: Jetzt geht nichts mehr. Du hörst vielleicht erst einmal nicht hin und quälst ihn noch einmal irgendwohin.
Vielleicht ist es auch dein Kopf, der *Halt!* ruft, weil nichts mehr hinein passt in ihn. Oder Dinge sind passiert, die dich emotional mitgenommen haben, und jetzt kannst du nicht mehr.

◼ Vorbereitung
1 Minute

Du brauchst Stift und Papier.

◼ Sammeln
15 Minuten

Kennst du die totale Erschöpfung? Oder bist du ein Mensch, der es versteht, so gut auf sich zu achten, dass er immer früh genug Ruhe sucht und Abstand nimmt?

1. Sammle auf einem Zettel Situationen, in denen du total erschöpft warst. Sie können auch schon viele Jahre zurückliegen.
2. Wenn du selbst noch nie richtig erschöpft warst, dann überlege, ob du von Menschen weißt, die schon am Ende waren.
3. Oder überlege Dir, was passieren müsste, dass du völlig fertig bist. Oder wie du verhindern kannst, jemals so erschöpft zu sein.

Wenn du schon weißt, was du schreiben willst, dann gehe gleich weiter zu ⇨ Schreiben.

◼ Einstieg

Lies das Lautgedicht „ARR BEITE" von Dirk Hülstrunk durch.
Lies es am besten laut.

◼ Schreiben
45 Minuten

Schreibe einen Text zum Thema „Totale Erschöpfung".

Tipp

Du kannst berichten, wie es dir in einer bestimmten Situation erging. Du kannst deine Geschichte der Erschöpfung verfassen, in der du zum Beispiel die Situationen, in denen du am Ende warst, aneinanderreihst. Du kannst genauso eine vielleicht lustige Gebrauchsanweisung schreiben, wie man Erschöpfung verhindern kann. Du kannst dich ärgern über Menschen, die nicht gut auf sich achten, dich ärgern über dich selber, wenn du nicht gut genug auf dich achtest, dich ggf. ärgern über ein Wirtschaftssystem, das flexible, lächelnde, allzeitbereite und fitte Arbeitskräfte erwartet und die Grenzen von Menschen missachtet.

Übungen — Person und Lebenswirklichkeit

ARR BEI TE
Dirk Hülstrunk

```
          rb t tt rb t      rb t tt rb t      rb t tt rb t      rb t tt rb t      rb t tt rb t
          rb t tt rb t      rb t tt rb t      rb t tt rb t      rb t tt rb t      rb t tt rb t
          rb t tt rb t      rb t tt rb t      rb t tt rb t      rb t tt rb t      rb t tt rb t
            rb t tt rb t      rb trb t tt rb t     rb t rrrb t      rb t aa rb t     rb t tt rb t
          rb t tt rb t      rb t tt rb t      rb t tt rb t      rb t tt rb t      rb t tt rb t
        rb t tt rb t      rb t aaaarrr      rb t rb t tt rb t rb trb t tt rb t      rb t tt rb t
```

      aarrrrrrrrrrrrrrrrrrrrrrrrrrrrARR!   BEI!   TE!

!ARRBEITE ARRBEITE ARRBEITE! ARRBEITE ARRBEITE ARRBEITE!
!ARRBEITE ARRBEITE ARRBEITE! ARRBEITE ARRBEITE ARRBEITE!
    !!!!!!!!!!!!!!!!aarrrrrrrrrrraarrrrrrrrrrraarrrrrrrrrr!!!!!!!!!!!!!!!!!!!

aber?

!ARRBEITE ARRBEITE ARRBEITE! ARRBEITE ARRBEITE ARRBEITE!
!ARRBEITE ARRBEITE ARRBEITE! ARRBEITE ARRBEITE ARRBEITE!
    !!!!!!!!!!!!!!!!aarrrrrrrrrrraarrrrrrrrrrraarrrrrrrrrr!!!!!!!!!!!!!!!!!!!

jetzt nein – doch- aber? SCHNELLER BILLIG MEHR
jetzt nein – doch - aber? LÄNGER FREUDIG GUT

!ARRBEITE ARRBEITE ARRBEITE! ARRBEITE ARRBEITE ARRBEITE!
!ARRBEITE ARRBEITE ARRBEITE! ARRBEITE ARRBEITE ARRBEITE!
    !!!!!!!!!!!!!!!!aarrrrrrrrrrraarrrrrrrrrrraarrrrrrrrrr!!!!!!!!!!!!!!!!!!!

sofort

!ARRBEITE ARRBEITE ARRBEITE! ARRBEITE ARRBEITE ARRBEITE!
    aber ich?

!ARRBEITE ARRBEITE ARRBEITE! ARRBEITE ARRBEITE ARRBEITE!
    !!!!!!!!!!!!!!!!aarrrrrrrrrrraarrrrrrrrrrraarrrrrrrrrr!!!!!!!!!!!!!!!!!!!

bitte bitte bitte - nein

    !ARRBEITE ARRBEITE ARRBEITE! ARRBEITE ARRBEITE
    doch

!ARRBEITE ARRBEITE ARRBEITE! ARRBEITE ARRBEITE ARRBEITE!
aber ich dachte...?
!ARRBEITE ARRBEITE ARRBEITE! ARRBEITE ARRBEITE ARRBEITE!
!ARRBEITE ARRBEITE ARRBEITE! ARRBEITE ARRBEITE ARRBEITE!
    aber die Gedan...?

!ARRBEITE ARRBEITE ARRBEITE! ARRBEITE ARRBEITE ARBEITE!
aber die Poe..?
!ARRBEITE ARRBEITE ARRBEITE! ARRBEITE ARRBEITE ARBEITE!
    aber die Lie...?
!ARRBEITE ARRBEITE ARRBEITE! ARRBEITE ARRBEITE ARBEITE!
 aber das Leb...?

  AAAAAAAAAAAAAAAAAAAAAAAAAArrrrrrrrrrrRRRRRRRRRR

!ARRR   BEI   TE!

Live-Version des Soundpoems: www.myspace.com/dirkhuelstrunk

Person und Lebenswirklichkeit

Übungen

Wenn ich nicht ich selber wäre

Schreibe eine alternative Geschichte deines Lebens: Wer wärst du, wenn du nicht du selber wärst?

■ Vorbereitung
1 Minute

Du brauchst Stift und Papier.

■ Sammeln

Mach dir, wenn nötig, erst einmal ein paar Notizen: Wann und wo lebst du? Was machst du?

■ Schreiben
45 Minuten

Ob Gedicht oder kurze Geschichte – du darfst schreiben wie du möchtest. Es soll nicht aussehen wie ein offizieller Lebenslauf.

> **Tipp**
> Wenn du den Text zum Thema geschrieben und ihn mindestens dir selbst vorgelesen hast, dann blättere einmal zur Seite 79. Mach es nicht vorher, das würdest du bereuen!

Glückliche Liebe. Ist das normal?

Unglückliche Liebe kennt jeder. Zumindest wohl das unglückliche Verliebtsein. Aber wie ist es mit der glücklichen Liebe? Glaubst du an sie? Hast du sie erlebt? Wenn ja: Berichte davon. Wenn nein: Berichte auch davon. Denn die Liebe, dieses uralte Thema, das in kaum einem Buch oder Film fehlt, und in wohl kaum einem Leben – die Liebe zeigt immer wieder neue Züge, manchmal ganz neue Gesichter. Gesichter auch, die erschrecken: in ihrer plötzlichen Kälte, in ihrer Schönheit. Und wenn wir erschrecken, vor diesen Gesichtern der Liebe, dann ist es gut, sich an ein paar Zeilen erinnern zu können, die ein wenig von der Liebe sprachen, wie wir sie nun erleben. Uns kann dadurch klar werden: *Es ist wirklich. Es ist Liebe. Es ist eines ihrer Gesichter. Ich bin nicht verrückt.*

Vorbereitung
1 Minute

Du brauchst Stift und Papier.

Einstieg
15 Minuten

Lies die beiden Texte unten.

Sammeln
15 Minuten

Nimm dir eine Viertelstunde Zeit, sammle dich und denk nach über deine Erfahrungen mit der Liebe.
Mach dir, wenn es dir wichtig erscheint, ein paar Notizen zum Thema.

Schreiben
30 Minuten

Schreibe jetzt.

Ein alter Tibetteppich
Else Lasker-Schüler

Deine Seele, die die meine liebet,
Ist verwirkt mit ihr im Teppichtibet.

Strahl in Strahl, verliebte Farben,
Sterne, die sich himmellang umwarben.

Unsere Füße ruhen auf der Kostbarkeit,
Maschentausendabertausendweit.

Süßer Lamasohn auf Moschuspflanzenthron,
Wie lange küßt dein Mund den meinen wohl
Und Wang die Wange buntgeknüpfte Zeiten schon?

Liebe

Glückliche Liebe
Wislawa Szymborska

Glückliche Liebe. Ist das normal,
ist das wichtig und ist das nützlich –
was hat schon die Welt von zwei Menschen,
die diese Welt nicht sehen?

Zu sich erhoben ohne jedes Verdienst,
die ersten besten von einer Million, allerdings überzeugt,
daß es so kommen mußte – als Preis wofür? Für nichts.

Licht fällt von nirgendwoher –
weshalb gerade auf die und nicht andere?
Beleidigt es nicht die Gerechtigkeit? Ja.
Verletzt es nicht alle sorgsam gehäuften Prinzipien,
stürzt die Moral nicht vom Gipfel? Verletzt und stürzt.

Seht sie euch an, diese Glücklichen:
Wenn sie sich wenigstens maskierten,
Niedergeschlagenheit spielten, damit die Freunde auf ihre Kosten kämen!

Hört, wie sie lachen – schimpflich.
Mit welcher Zunge sie sprechen – scheinbar verständlich.
Und diese ihre Zeremonien, Ziereiereien,
die findigen Pflichten gegeneinander –
es ist wie eine Verschwörung hinter dem Rücken der Menschheit.

Es läßt sich schwerlich voraussehen, was daraus würde,
wenn sich ihr Beispiel nachahmen ließe.
Worauf Religion und Dichtung noch bauen könnten,
was hielte man fest, was ließe man sein,
wer bliebe denn noch im Kreis?

Glückliche Liebe. Muß das denn sein?
Takt und Vernunft gebieten, sie zu verschweigen
wie einen Skandal aus höheren Schichten.
Prächtige Babies werden geboren ohne ihr Zutun.

Sie könnte die Erde, da sie so selten vorkommt,
niemals bevölkern.
So mögen alle, denen die glückliche Liebe fremd ist,
behaupten, es gäbe sie nicht.

Mit diesem Glauben lebt es und stirbt es sich leichter.

| Übungen | *Liebe* 1.2 |

Paradies, Paradies, Wonne, Wonne

Schon guten Sex gehabt? Wenigstens davon geträumt?
In dieser Übung geht es um die definitiv schönste Sache der Welt.

■ Vorbereitung — 1 Minute
Du brauchst Stift und Papier.

■ Einstieg — 10 Minuten
Zur Einstimmung kannst du einen Text zum Thema lesen.

Ereignisse
Gioconda Belli

Welle sein
schäumend im sanften
Murmeln deines Blutes

Dämmern am Rand deines Seins
kauern, das Haar zerfließend an deiner Schulter
gehalten vom Streicheln deiner Hand

Sprachlos flüstern
längstgesagte Worte
altbekannt seit der ersten Paarung
eines Mannes und einer Frau
die einer im anderen
die Welt entdecken.

Sanftes Tier sein
das dich sucht mit offenen Augen
und denkt das Leben ist schön
und stark und unerwartet neu

■ Schreiben — 45 Minuten
Los geht's. Schreibe, wonach dir ist.

> **Tipp**
> *Falls dich das Thema nicht interessiert, schreibe darüber, dass es dich nicht interessiert.*
> *Ein ganzes Buch mit Kurzgeschichten wurde auch dazu bereits veröffentlicht. Es heißt: „Sex ist eigentlich nicht so mein Ding".*

* Moldenhauer/Uebel (Hg.): Sex ist eigentlich nicht so mein Ding. Eichborn Verlag 2007

Liebe

Übungen

Es war umsonst. Denn es war Liebe.

Der Abschied von der Liebe, den fast alle Menschen einmal, zumeist mehrfach erleben: Er kann uns unangenehm berühren. Er kann uns zu Tränen rühren. Er kann uns das Gefühl geben, nicht mehr leben zu können. Er kann uns sogar nicht mehr leben lassen. Er kann Melancholie übrig lassen. Hass. Fassungslosigkeit.
Er kann vollzogen werden. Dieser Abschied.

Vorbereitung — 1 Minute
Du brauchst Stift und Papier.

Einstieg — 10 Minuten

In einem kleinen Zimmer in Paris
Wolf Wondratschek

In einem kleinen Zimmer in Paris,
wo ich den Kopf vor Sehnsucht gegen alle Wände stieß
und deinen Namen leise in die Spiegel schrie,
doch keiner kam und niemand nahm mich in den Arm
wie du, der mich verließ.
Und als du gingst, hast du gesagt:
„Du machst das schon, mein Kleines, irgendwie!"
Oh ja, mein Mann! Ich mach das schon.
Ich weine ohne Tränen jede Nacht,
ich liebe dich, auch wenn es einsam macht,
ich sterbe so dahin
und frag nicht mehr nach einem Sinn
in diesem kleinen Zimmer hier,
wo Gaukler wohnten, Trinker, Diebe,
es war umsonst, denn es war Liebe.

Die Liebe mit dem Leben büßen
Warten, bis das Leben dich vergißt
Jede Nacht, sie bleibt in mir
Auch wenn es Tag geworden ist

Dann war es still.
Dann gingen viele Jahre hin
und ich blieb hier,
in diesem kleinen Zimmer in Paris
und trank mit Trinkern auf ihr Glück
und sang mit Gauklern Liebeslieder
und morgens kamen auch die Diebe wieder,
nur du kamst nie zurück.

Schreiben — 45 Minuten
Schreibe über einen Abschied, der dich in irgendeiner Weise berührt hat. Es kann der Abschied von einer Liebe, aber auch von einer Freundschaft sein.

| Übungen | *Spaß und Fantasie* |

Schwester Bertha fasst es nicht ...

Hier geht es um kriminelle Energien. Ob sie einfach schrullig, vielleicht sogar liebenswert sind oder tatsächlich brutal, listig und bedrohlich, entscheidest du.

■ Vorbereitung — 1 Minute
Du brauchst Stift und Papier.

■ Einstieg — 1 Minute
Auf dem Dachboden der Seniorenresidenz Back to Paradise findet Schwester Bertha 17 erhängte Kaninchen. Was ist passiert?

■ Schreiben — 50 Minuten
Schreibe einen Text, der den Kaninchenmord in irgendeiner Weise aufklärt. Es kann ein richtiger ⇨ *Kurzkrimi* sein.

| Übungen | *Spaß und Fantasie* |

Mord im Kanzleramt

■ Vorbereitung — 1 Minute
Du brauchst Stift und Papier.

■ Einstieg — 1 Minute
Der Regierungssprecher wird nach einer Pressekonferenz tot vorm Büro der Kanzlerin aufgefunden. Neben ihm auf dem Boden liegt ein kleiner, zerbrochener Spiegel und ein blutiger, silberner Kugelschreiber. Was ist passiert?

■ Schreiben — 45 Minuten
Schreibe einen ⇨ *Kurzkrimi*.

Spaß und Fantasie

Übungen

Die Welt in 100 Jahren

Vorbereitung — 1 Minute
Du brauchst Stift und Papier.

Einstieg — 1 Minute
Versetze dich in eine Person, die in 100 Jahren auf dieser Erde leben wird. Wer ist diese Person? Wie sieht ihr Leben aus? Wie sieht die Welt aus?

Schreiben — 50 Minuten
Schreibe eine kleine ⇨ *Science-Fiction*-Geschichte.

Spaß und Fantasie

Übungen

Der unbekannte Planet

Vorbereitung — 1 Minute
Du brauchst Stift und Papier.

Einstieg — 1 Minute
Im Jahr 2812, du lebst komischerweise noch oder wieder, entdeckst du auf einer Forschungsreise im All einen bis dato unbekannten Planeten. Was ist da los? Wie sieht es dort aus? Was machst du da?

Schreiben — 50 Minuten
Erfinde eine neue Welt. Ob wüst und leer oder bewohnt, ob riesig oder winzig, kalt oder warm ...

Übungen — *Spaß und Fantasie*

In der Hölle

Vorbereitung
1 Minute

Du brauchst Stift und Papier.

Einstieg
1 Minute

Jahrelang hast du dich gequält, nicht zu sterben, dann musst du doch den Löffel abgeben, und der Teufel persönlich schleift dich in die Hölle. Da bist du nun. Wie sieht es dort aus? Was ist los?

Schreiben
35 Minuten

Erzähle von der Hölle.

Übungen — *Spaß und Fantasie*

Im Himmel

Vorbereitung
1 Minute

Du brauchst Stift und Papier.

Einstieg
1 Minute

Plötzlich bist du tot und stehst tatsächlich im Paradies. Was ist da los? Wie sieht es dort aus? Gibt es Apfelbäume? Oder saure Apfelringe?

Schreiben
35 Minuten

Erzähle von deinem privaten Paradies.

Spaß und Fantasie

Übungen

Ritter, Bauer, Edelfrau?

■ Vorbereitung
1 Minute

Du brauchst Stift und Papier.

■ Einstieg
1 Minute

Zeitreise rückwärts: Per Blitzschlag landest du in der Vergangenheit. Wo bist du?
In welcher Zeit? Wer bist du? Was erlebst du?

■ Schreiben
40 Minuten

Erfinde ein vergangenes Leben für Dich.
Oder erzähle, wie du in der Vergangenheit landest und dich wunderst, weil alles so anders ist, und Menschen sich wundern, weil du so anders bist.

Spaß und Fantasie

Übungen

Tote Blumen

■ Vorbereitung
1 Minute

Du brauchst Stift und Papier.

■ Einstieg
1 Minute

Im Berliner Hauptbahnhof liegt auf dem Boden neben der Rolltreppe, die zu den S-Bahngleisen führt, ein frischer Blumenstrauß. Was ist passiert? Wie ist er dahin gekommen?

■ Schreiben
30 Minuten

Erfinde eine Geschichte, die den Blumenstrauß auf dem Boden erklärt.

| Übungen | *Spaß und Fantasie* |

Die zufällige Geschichte

Bei Katrin Girgensohn, einer Freundin von mir, die seit vielen Jahren Schreibworkshops gibt, habe ich eine Übung kennengelernt, an der ich so viel Spaß hatte, dass ich sie gleich mehrfach selbst gemacht habe.
Das Besondere an der Übung: Die Geschichten, die geschrieben werden können, ergeben sich nicht nur aus der eigenen Inspiration, sondern auch aus mehreren Zufällen.

Vorbereitung   15 Minuten

1. Du brauchst Stift, Papier, drei Briefumschläge und viele kleine Zettel.
2. Schreibe auf den ersten Briefumschlag „Ort", auf den zweiten „Person" und auf den dritten „Handlung".
3. Wenn du diese Übung allein für dich machst, brauchst du jetzt mindestens neun kleine Zettel, für jeden Umschlag drei. Wenn du diese Übung mit mehreren Leuten machst, dann brauchst du mindestens dreimal so viele Zettel wie ihr Leute seid.
4. Schreibe auf ein Drittel der Zettel Orte: zum Beispiel bekannte Plätze in deiner Stadt, den Namen eines fremden Landes oder, ganz banal, so etwas wie „Badezimmer", „Flur", „Klassenzimmer". Stecke die Zettel in den Umschlag, auf dem „Ort" steht.
Schreibe auf das zweite Drittel der Zettel Personen: zum Beispiel „Frisör", „Bäckereifachangestellte", „Frau Schmidt", „Bruder", „Lisa". Stecke die Zettel in den Umschlag, auf dem „Person" steht.
Schreibe auf das letzte Drittel der Zettel Handlungen, entweder Verben oder ganze Aktionen, zum Beispiel: „den Pulli falsch herum anziehen", „plötzlich losrennen", „den Wellensittich frei lassen" etc. Stecke die Zettel in den Umschlag, auf dem „Handlung" steht.

Schreiben   45 Minuten

Ziehe aus jedem Briefumschlag einen Zettel. Natürlich ohne zu spicken. Erfinde eine Geschichte, in der Ort, Person und Handlung, die auf deinen Zetteln stehen, vorkommen.

Tipp

Wenn du es dir noch spannender oder schwerer machen willst, dann lege einen weiteren Umschlag an, auf dem „Zeit" steht, und in den Zettel kommen, auf die du zum Beispiel „Sommer", „Mitternacht", „nachmittags", „2043" oder „10. Oktober" schreibst. Dann kannst Du jeweils vier Zettel ziehen.
Genauso kannst Du überlegen, ob du zur Abwechslung einmal zwei Personen ziehen willst, die sich in deiner Geschichte dann begegnen müssen. Wenn die Geschichte an zwei Orten stattfinden soll, dann ziehe zwei Mal „Ort". Deinem Spieltrieb sind keine Grenzen gesetzt. Ein Text kann, muss aber nicht besser werden, wenn du mehr als drei Zettel ziehst ... Probiere es einfach aus!

Spaß und Fantasie

Übungen

Das Fußballmärchen

Fußball: einer liebt ihn, einer tritt ihn, einer lässt ihn links liegen. – Während der Weltmeisterschaft in Deutschland 2006 erschienen plötzlich überall Geschichten und Gedichte zum Thema Fußball. Als ich schon dachte, alle deutschen Autoren verwandelten sich gerade zu Fußballfans, entdeckte ich im Internet die recht lustige Seite einiger Berliner Autoren, die 500 Dinge sammelten, die besser seien als Fußballgucken. Über Fußball schreiben kannst du also unabhängig von deinem Interesse daran. Und hier soll es jetzt um ein Fußballmärchen gehen.

Vorbereitung
1 Minute

Du brauchst Stift und Papier.

Einstieg
10 Minuten

Lies die Geschichte.

Feechen guckt Fussball

Einmal saß eine kleine Fee vor einer riesigen Leinwand und schaute sich ein Fußballspiel an. Komische Wesen mit krummen Beinen rannten einem Ballon hinterher, es schien dabei Regeln zu geben, aber den Sinn zu finden, in dem, was sie sah, fiel der kleinen Fee schwer. Die kleine Fee war ein kleines bisschen traurig, weil sie ein kleines bisschen verliebt war in einen großen Zauberer, der große Zauberer aber kein noch so kleines bisschen da war. Plötzlich hatte er sich weggezaubert, obwohl er ein paar Tage zuvor noch an ihr herumgezaubert hatte, mit seinem Zauberstab, sodass sie danach ganz   verzaubert gewesen war. Jetzt war sich die kleine Fee aber fast sicher, dass der große Zauberer versehentlich einen schlechten Zauberstein in ihren Bauch gezaubert hatte, der jetzt unangenehm drückte. Auch ein großer Zauberer schien Fehler zu machen. Feechen seufzte und fragte sich, ob der Zauberer vielleicht an ein bisschen zu vielen Feen herumzauberte und darüber ein bisschen durcheinandergeraten war.
Am Ende war er plötzlich weggehüpft wie ein Frosch. Zauberer, die plötzlich wie Frösche hüpfen, sind eigentlich lächerlich, dachte Feechen, stierte aber weiter traurig auf die Leinwand, über die die Krummbeiner stürmten, auf einen Kasten zu. Sie stürmten und ganz viele Erdbeiner brüllten, dann flog der Ballon in den Kasten und noch mehr Erdbeiner brüllten und Krummbeiner fielen übereinander, bis sie einen hohen Krummbeinerhaufen bildeten und dabei lachten. Und plötzlich musste Feechen auch lachen.
Plötzlich war der Zauberer vergessen, und der Ballon und all die Beiner hatten einen Zauber, der sie an Zauberstäbezauberstunden erinnerte, so aufregend war alles!
Neben Feechen saß ein dicker Troll, der auch ganz aufgeregt war und Feechen mit offenem Mund anlachte, sehr laut, und der vor Aufregung immer wieder auf den Boden spuckte, sodass Feechen wieder lachen musste.

Xóchil A. Schütz: Slam Poetry – eigene Texte verfassen und performen
© Persen Verlag GmbH, Buxtehude

Übungen *Spaß und Fantasie*

Nach dem Spiel ging Feechen mit dem Troll in eine Brauhöhle und trank ein leckeres Gebräu und wurde ein wenig benommen davon und freute sich daran, dass der Troll ihr Geschichten erzählte.

Später, in ihrem Feenbettchen, spürte Feechen wieder den Stein in ihrem Bauch und wurde traurig. Aber dann dachte sie an den Haufen mit den lachenden Krummbeinern und an den Troll, der lachend auf den Boden spuckte, musste ein wenig lächeln und schlief ein.

Schreiben
45 Minuten

Du hast drei Möglichkeiten.
1. Entweder schreibst du ein Märchen, in dem mindestens ein Fußball vorkommt, besser noch ein Fußballspiel.
2. Oder du schreibst einen Text über Fußball, der etwas märchenhaft Schönes zum Thema Fußball beinhaltet: vielleicht ein besonderes Tor, einen besonderen Sieg, eine besondere Mannschaft, ein großes Turnier, einen genialen Trainer, einen Fotografen, der das Fußballbild des Jahres einfängt.
3. Du kannst auch über einen märchenhaften Abend schreiben, an dem du originell vor einem Fußballspiel oder einer Fußballübertragung geflohen bist.

Spaß und Fantasie

Übungen

Du bist Papst!

Schon gewusst? Papst Johannes Paul II, der mit bürgerlichem Namen Karol Wojtyla hieß, Pole war und im Jahr 2005 starb, hat gedichtet. Viele seiner Texte wurden insbesondere in polnischen Zeitschriften veröffentlicht, oft unter einem Pseudonym, also unter falschem Namen. Ein Gedichtband von ihm ist auch auf Deutsch erschienen, er heißt: „Der Gedanke ist eine seltsame Weite."
Wer nun glaubt, der ehemalige Papst hätte nur heilig klingende Worte über die Schönheit der Welt und die Liebe Gottes gefunden, der irrt. Nein, Karol Wojtyla hat insbesondere andere Menschen genau beobachtet und versucht, ihre unterschiedlichen Denkmuster zu ergründen. Wenn der Papst Gedichte schreiben kann, kannst du auch Papst werden. Zumindest in deiner Fantasie.

Vorbereitung
1 Minute

Du brauchst Stift und Papier.

Einstieg

Stell dir vor: Plötzlich verdreht sich die Welt, alles fällt durcheinander und du weißt nicht, wie es passiert ist, aber von einem Tag auf den anderen bist du Papst oder Päpstin.
Was tust du? Hältst du eine Rede an die Menschheit? Machst du eine Reise? Krempelst du den Alltag im Vatikan komplett um?
Du kannst sofort loslegen, wenn du schon eine Idee hast. Geh dann gleich zu ⇨ Schreiben.

Sammeln
20 Minuten

1. Hol dir, wenn du noch nicht weißt, wohin es gehen soll, eine Bibel und lies ein wenig darin. Lies zum Beispiel im „Buch der Weisheit" oder in den „Psalmen", vielleicht um den „heiligen Slang" draufzubekommen oder um dich von den oft mächtigen und schönen Bildern zu eigenen, großen Versen inspirieren zu lassen. Oder um die Bibel und die Art, wie gepredigt wird, danach auf höherem Niveau auseinandernehmen zu können.
2. Falls du nicht in der Bibel lesen willst, zieh dich zurück und überlege in Ruhe, was du als Papst oder Päpstin machen würdest. Halte ein paar Gedanken fest. Das kannst du auch tun, wenn du nichts mit dem christlichen Glauben zu tun hast. Es kommt dabei nur auf deine eigenen Vorstellungen und Ideen an.

Schreiben
45 Minuten

Schreibe einen Text über dein Leben als Papst oder Päpstin.
Oder schreibe eine Rede, die du als Papst oder Päpstin halten würdest.

Übungen · Spaß und Fantasie

Wie ich einmal Weihnachten überlebt habe

Weihnachten: War es schon einmal schlimmer, als du befürchtet hast?
Konsumterror, Kirchgänge, Komafressen? Die Tante nervt, die Mutter heult, der Vater dreht durch? Schreibe einen Text, in dem du das Thema „Weihnachten" bissig oder spaßig angehst.

◼ Vorbereitung   1 Minute
Du brauchst Stift und Papier.

◼ Sammeln   10 Minuten
Mach dir Notizen zu deinen schlimmsten Weihnachtserlebnissen.
Male dir das schlimmste Weihnachtsfest aus, das es geben könnte.
Oder trage üble Weihnachtspannen zusammen, von denen du gehört hast.

◼ Schreiben   45 Minuten
Leg los! Hemmungslos, böse. Vielleicht trotzdem mit einem versöhnlichen Augenzwinkern. Das muss aber nicht sein.

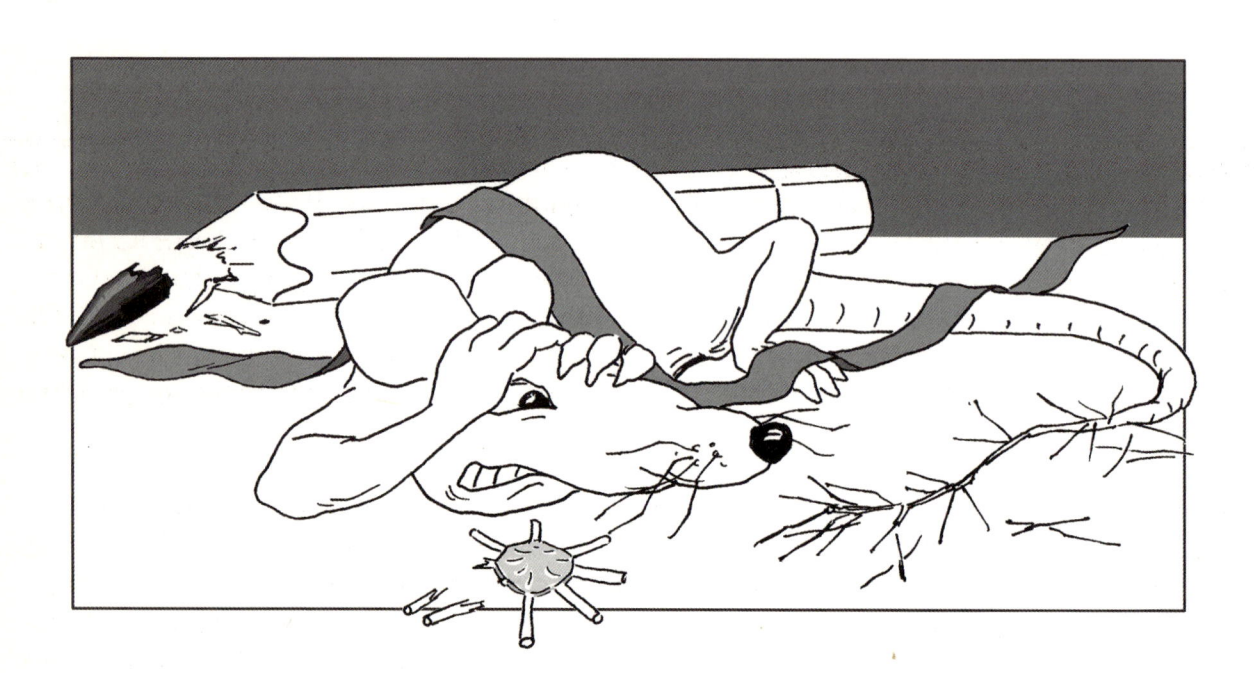

Poesie

Text-gattungen

Poetische Texte spielen oft mit ⇨ *Metaphern,* also Sinnbildern. In einem poetischen Text ist der Frühling vielleicht nicht einfach der Frühling, sondern eine zarte Fee mit grünen Haaren. Poetische Texte spielen oft mit ⇨ *Reimen:* Ähnlich klingende Worte werden nah zueinander gebracht, sodass ein Text zu klingen beginnt – und den Lesenden oder Hörenden so vielleicht eher in Erinnerung bleibt.
Poetische Texte spielen mehr als Prosa mit ⇨ *Rhythmik:* Ein Text kann zu fließen beginnen, wenn die Betonungen einzelner Worte in einer bestimmten, regelmäßigen Abfolge erscheinen. Poetische Texte sind oft Texte, die „ver-dichten". Poetische Texte erzählen oft keine ganze Geschichte – das tut nur die ⇨ *Ballade* oder das ⇨ *Story Poem,* bei denen es sich um spezielle Spielarten der Poesie handelt. Die Poesie will oft einen bestimmten Moment festhalten: eine bestimmte Stimmung, eine besondere Situation.

Slam Poetry

Slam Poetry im weiten Sinne sind Texte, die bei einem Poetry Slam funktionieren. Der Vortrag sollte möglichst nicht länger als fünf Minuten dauern, da der Autor bei den meisten Poetry Slams nur fünf Minuten Vortragszeit hat. Slam Poetry ist in der Regel so einfach, dass das Publikum dem Vortragenden zumindest grob folgen kann. Slam Poetry ist in der Regel so anspruchsvoll, dass ein eher gebildetes Publikum sich nicht unterfordert fühlt. Ob ein poetischer Text, eine lustige Geschichte, ein kruder Monolog, ein politisches Manifest, eine Art Liedtext oder etwas völlig anderes – beim Poetry Slam kann prinzipiell jeder selbst verfasste Text präsentiert werden.

Slam Poetry im engen Sinne sind poetische Texte, die sich zwischen Lied und Gedicht bewegen. Slam Poetry ist nicht ganz so stark verdichtet wie ein klassisches Gedicht, für das es sich ja oft lohnt, sich viel Zeit zu nehmen, weil es sich vielleicht erst beim wiederholten Lesen erschließt. Oder weil sich beim wiederholten Lesen vielleicht immer wieder eine neue Ebene öffnet. Slam Poetry arbeitet mit poetischen Bildern, die beim ersten Hören zumindest schon etwas verstanden werden können. Sie erzählt also in der Regel etwas genauer als ein Gedicht. Wo ein Gedicht ein Thema vielleicht in zwölf Zeilen behandelt, behandelt die Slam Poetry das gleiche Thema vielleicht in 50 Zeilen. Vielleicht sieht Slam Poetry aber auf dem Papier auch gar nicht aus wie ein Gedicht, sondern wie ein Fließtext, weil der Autor vielleicht gar nicht mehr mit ⇨ *Endreimen* arbeitet, sondern mit ⇨ *Binnenreimen* spielt und mit ⇨ *Alliterationen* poetische Bilder ineinanderfließen und Zeilenbrüche so unnötig erscheinen. Von der ⇨ *Lyrischen Prosa* unterscheidet sich die Slam Poetry trotzdem immer durch ein höheres Maß an Klanglichkeit und Rhythmus.

Übung
⇨ *Typisch ich*
⇨ *Wer willst du sein? Wer bloß nicht?*
⇨ *Soziale Wirklichkeit*

Rap-Poetry

Rap-Poetry liegt in ihrer Form zwischen dem Rap und der Slam Poetry. Mancher Text erinnert an lyrischen Rap, ein anderer eher an ein besonders rhythmisches und stark gereimtes Gedicht. Vom klassischen Gedicht unterscheidet sich die Rap-Poetry insbesondere dadurch, dass sie nicht an erster Stelle am Ende einer Zeile reimt (Endreim), Zeilen gibt es auch gar nicht immer, öfter sind es Fließtexte. Rap-Poetry arbeitet stark mit Binnen- und Stabreimen ⇨ *Der Reim.*
Rap-Poetry ist auf Poetry Slams relativ oft zu hören. Wer originell reimen kann und eine Botschaft hat, hat gute Chancen, mit Rap-Poetry einen Slam zu gewinnen.

Übung
⇨ *Die Sucht ist eine Suche*
⇨ *Paradies, Paradies, Wonne, Wonne*

Freestyle

Wer aus dem Stegreif originell reimen kann und etwas zu sagen hat, hat gute Chancen, mit Freestyle einen Poetry Slam zu gewinnen. Manchmal reicht es auch, einfach aus dem Stegreif zu reimen, um das Publikum so zu faszinieren, dass es Höchstnoten gibt. Wer auf Dauer beim Slam Erfolg haben will, kommt um Inhalte aber in der Regel nicht herum.

Übung
⇨ Statt zu einer der Übungen im Buch zu schreiben, kann auch direkt „gefreestylt" werden. Zum Beispiel zur Übung ⇨ *Soziale Wirklichkeit*

Poesie

Textgattungen

Das strenge Gedicht

Manche Lyriker achten nicht nur darauf, dass jede Strophe ihres Gedichtes gleich viele Zeilen hat, manche Lyriker achten auch darauf, dass jede Zeile gleich viele Silben hat. Und manche Lyriker achten darüber hinaus noch darauf, dass die Hebungen und Senkungen in jeder Zeile einem bestimmten System folgen.
Diese Genauigkeit kann Spaß machen und herausfordern.

Stilmittel
⇨ *Der Reim*
⇨ *Die Metapher*

Übung
⇨ *Glückliche Liebe. Ist das normal?*
⇨ *Angst*

Das freie Gedicht

Lyrik gibt es, die kaum über ihre Form, deutlich aber über ihren Inhalt wirkt. Da achtet ein Autor nicht darauf, dass jede Strophe z. B. gleich viele Zeilen hat, die am Ende z. B. noch nach einem festgelegten Schema gereimt sind. Da spricht ein Autor vielleicht so bildhaft, schön, berührend, aufrührend oder bedrängend von einem Thema, dass wir ergriffen sind – und uns keinen Moment fragen, ob der Lyriker hier auf irgendeine bestimmte Form geachtet hat.

Übung
⇨ *Soziale Wirklichkeit*
⇨ *Wer willst du sein? Wer bloß nicht?*

Beispieltext
⇨ *Gioconda Belli: Ereignisse (S. 34)*

Ballade & Story Poem

In der Ballade und im Story Poem geht es im Unterschied zum klassischen Gedicht weniger um das Festhalten eines bestimmten Momentes, einer bestimmten Stimmung oder einer bestimmten Annahme als vielmehr um das Erzählen einer Geschichte. Diese Geschichte wird allerdings in der Regel nicht ganz ausführlich erzählt, sondern wie Lyrik verdichtet. Die klassische Ballade besteht in der Regel aus mehreren gleich langen Strophen und ist nach einem festen Schema gereimt.
Im modernen Story Poem spielen ebenfalls Klang und Rhythmus eine große Rolle.
Sie werden jedoch weniger schematisch eingesetzt als in der klassischen Ballade. So wirkt das Story Poem oft lebhafter, aber auch unübersichtlicher. Die Sprache des Story Poems ist in der Regel die Sprache, die der Autor auch im Alltag benutzt, selbst wenn er mit dieser vielleicht ungewöhnliche, poetische Bilder schafft.

Es gibt auch heute klassische Balladendichter, auch auf den Bühnen des Poetry Slam. Hier kann jeder für sich entscheiden, ob er einen Autoren lieber mag, der es schafft, nach diesen alten, strengeren Schemata zu schreiben, oder ob er jemandem, der neue Formen findet, mehr Aufmerksamkeit entgegenbringen möchte.
Bei der Ballade und beim Story Poem handelt es sich, zusammengefasst, um Gedichte, die erzählen.

Übung
⇨ *Ritter, Bauer, Edelfrau?*
⇨ *Im Himmel*
⇨ *In der Hölle*

Komische Lyrik

Seltsam gereimte Gedichte, die von Seltsamem berichten, sind bei Poetry Slams gelegentlich zu hören und können bestens ankommen.

Übung
⇨ *Schwester Bertha fasst es nicht ...*

Lautpoesie

Erst einmal scheint es, als widme sich die Lautpoesie mehr der Form als dem Inhalt: sie spielt mit Lauten, einzelnen Wörtern, der Kombination einzelner Wörter. Ganze Sätze und klare Sinnzusammenhänge tauchen nur selten auf. Menschen gibt es, die diese Spielart der Lyrik verrückt finden. Menschen gibt es aber auch, die in dieser manchmal ursprünglich und auch kindlich wirkenden Lautlichkeit einen Zugang zum eigenen Unbewussten finden. – Wir denken ja alle nicht immer in ganzen Sätzen, wir denken nicht immer klar und strukturiert. Gelegentlich scheint das Leben, die Lebendigkeit sogar verloren zu gehen, wenn wir zu viel strukturieren. Dann löst die Lautposie bestenfalls intellektuelle Verkrampfung, macht einfach nur Spaß oder mit wenigen Worten auf Wichtiges aufmerksam.

Übung
⇨ *Die totale Erschöpfung*
⇨ *Paradies, Paradies, Wonne, Wonne*

Beispieltext
⇨ *Dirk Hülstrunk:* ARR BEI TE *(S. 30)*

Poesie

Liedgedicht

Beim Poetry Slam darf nicht gesungen werden. Bestenfalls einzelne Zeilen. Der Gesangspart darf aber auf keinen Fall überwiegen. Warum nicht?
Beim Poetry Slam geht es um das „gesprochene Wort", um „Spoken Word", die Beiträge sollen miteinander vergleichbar sein, und wer singt und keine hässliche Stimme hat, wäre den anderen Poeten gegenüber wahrscheinlich im Vorteil.
Wer seine Texte singen möchte, wird einen anderen Rahmen finden, in dem das passt. Der Moderator des Slams kann auch gefragt werden, ob der eigene Text außerhalb des Wettbewerbs gesungen werden kann.
Es gibt Liedtexte, die sich aber auch wunderbar sprechen lassen und das Publikum hoch erfreuen. Das Lied unterscheidet sich vom klassischen Gedicht in der Regel dadurch, dass es einen Refrain hat: sich eine oder mehrere Zeilen mehrfach wiederholen.

Übung
⇨ *Es war umsonst. Denn es war Liebe.*
⇨ *Glückliche Liebe. Ist das normal?*

Beispieltext
⇨ *Wolf Wondratschek: In einem kleinen Zimmer in Paris (S. 30)*

Prosa

Bei literarischen Texten, die nicht in Gedichtform gedruckt und nicht auf mehrere Sprecher aufgeteilt sind, handelt es sich in der Regel um Prosa.
Ein Roman, eine Kurzgeschichte, eine Erzählung, eine Slam-Story, Science-Fiction – all das ist Prosa.
Natürlich kann beim Poetry Slam auch ein Auszug aus einem Roman vorgetragen werden. Das ist aber sehr untypisch. Auch eine Erzählung ist in der Regel zu lang, um sie beim Slam zu präsentieren.
Hier werde ich jetzt die Prosa vorstellen, die beim Poetry Slam am besten funktioniert.

Die Slam-Story

Die Slam-Story erzählt zumeist in einfacher Sprache, also in oft kurzen Sätzen und klaren Worten, von den Absurditäten des Alltags. Sachverhalte werden oft sehr überspitzt dargestellt, um sie zu verdeutlichen. Oft lacht der Autor über das eigene Scheitern im alltäglichen Leben, ärgert sich über irgendetwas, macht durch Übertreibungen aufmerksam auf von ihm wahrgenommene Missstände. Beim Poetry Slam funktionieren diese Texte oft wunderbar, weil sich viele Menschen darin wiedererkennen, weil sie bei diesen Texten über sich und andere ebenso lachen wie über missliche Umstände. Lachen befreit. Das steigert zuweilen die Stimmung bis hin zum Rauschhaften. Später vorgetragene ernstere, lyrische Texte werden zwar noch wahrgenommen, aber zumeist nicht ähnlich hoch bewertet.
In der Slam-Story jagt oft eine Pointe die nächste, sodass das Publikum aus dem Lachen manchmal gar nicht mehr herauskommt.

Stilmittel
⇨ *Der Spaß*

Übung
⇨ *Wie ich einmal Weihnachten überlebt habe*
⇨ *In der Hölle*
⇨ *Im Himmel*
⇨ *Du bist Papst!*
⇨ *Glückliche Liebe. Ist das normal?*
⇨ *Meine Nerven!*
⇨ *Bekannter Größenwahn*

Beispieltext
⇨ *Johanna Wack: Clara Cordula (S. 20)*

Prosa

Die klassische Kurzgeschichte

Die klassische Kurzgeschichte hat es beim Poetry Slam schwerer als die Slam-Story, da sie zwar gelegentlich auch mit Absurditäten arbeitet, selten jedoch auf Pointen, also „Lacher" hin verfasst wurde.

Trotzdem kann ein Autor auch mit einer guten Kurzgeschichte beim Slam überzeugen – wenigstens einen Teil des Publikums.

Die klassische Kurzgeschichte erzählt einen Ausschnitt aus dem Leben einer oder mehrere Figuren. Diese Figuren werden nicht vorgestellt und eingeführt. Ohne zu wissen, um wen genau es sich handelt, erleben wir in einer Kurzgeschichte einen, in der Regel in irgendeiner Weise bedeutsamen Moment mit. Eine klassische Kurzgeschichte besticht in der Regel durch eine große emotionale Eindringlichkeit. Oft wird nicht der allgemein vielleicht anstrengende oder lächerliche Alltag thematisiert, sondern eine Situation, die das Leben der Figuren – oder zumindest ihre Wahrnehmung desselbigen – verändert. Am Ende bleibt dem Leser oder Hörer einer guten Kurzgeschichte zumeist nicht der Rausch einer unterhaltsamen Story, sondern eine Erkenntnis über das Leben.

Während also in der Slam-Story beispielsweise über das Scheitern gelacht wird, stellt die Kurzgeschichte das Scheitern einfach ernst dar.

Stilmittel
- *Der Ernst*
- *Die Empfindsamkeit*

Übung
- *Tote Blumen*
- *Pubertät*
- *Die Sucht ist eine Suche*
- *Die totale Erschöpfung*
- *Bekannter Größenwahn*

Der Kurzkrimi

Krimis werden bei Poetry Slams nicht allzu oft vorgetragen. Wer es allerdings schafft, einen kurzen Krimi humorvoll und vielleicht sogar grotesk, also seltsam verzerrt und fantasievoll, zu erzählen, der hat die Chance auf Höchstnoten.

Stilmittel
- *Die Fantastik*
- *Der Ernst*
- *Der Spaß*

Übung
- *Schwester Bertha fasst es nicht ...*
- *Mord im Kanzleramt*
- *Wie ich einmal Weihnachten überlebt habe*

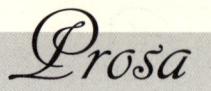

Märchen & Fantasy

Bei Poetry Slams werden auch immer wieder Märchen vorgetragen. Und ein Autor, der ein spannendes oder originelles Märchen liest, kann einen Slam gewinnen.
Beim Poetry Slam vorgetragene Märchen beginnen zumeist altbekannt mit „Es war einmal ..." und enden oft altbekannt mit „Und wenn sie nicht gestorben sind ...". Sie arbeiten oft mit ähnlichen Figuren wie klassische Märchen: mit Hexen, Zauberern u. Ä. Zumeist brechen sie dann aber inhaltlich mit dem klassischen Märchenstoff und erzählen plötzlich eine Geschichte, die ganz klar in unsere Zeit gehört und vielleicht auch mit vielen Pointen spielt.

Fantasy wird auch gelegentlich erfolgreich vorgetragen beim Poetry Slam. Sie arbeitet weniger mit der Struktur und den Figuren des Märchens, erschafft aber auch eine Fantasiewelt, die ein Sinnbild für unsere Wirklichkeit oder die Wirklichkeit unseres Unbewussten sein kann.

Stilmittel
⇨ *Die Fantastik*

Übung
⇨ *Das Fußballmärchen*
⇨ *Ritter, Bauer, Edelfrau?*
⇨ *Die zufällige Geschichte*
   Die Übung „Die zufällige Geschichte" kann hier statt mit real erscheinenden Figuren, Orten und Begebenheiten mit märchenhaften Figuren, Orten und Begebenheiten praktiziert werden.

Lyrische Prosa

Lyrische Prosa verdichtet eine Geschichte oder zumindest eine Situation und arbeitet dabei stark mit ⇨ *Metaphern,* also Sinnbildern. Im Gegensatz zur Ballade und dem Story Poem wird in der Lyrischen Prosa kaum gereimt, sie ist nur selten rhythmisch und nicht in Strophenform, sondern wie Prosa grundsätzlich als Fließtext verfasst.

Stilmittel
⇨ *Die Metapher*
⇨ *Die Empfindsamkeit*
⇨ *Die Fantastik*

Übung
⇨ *Der Lieblingsplatz*
⇨ *Im Himmel*
⇨ *In der Hölle*

Prosa

Science-Fiction

Es kann Spaß machen und gruselig sein, sich die Zukunft auszumalen, und nicht nur die eigene, sondern die unserer Gesellschaft, unserer Welt, unseres Universums. Die Science Fiction erfindet in der Zukunft liegende Begebenheiten.

Stilmittel
⇨ *Die Fantastik*

Übung
⇨ *Die Welt in 100 Jahren*
⇨ *Der unbekannte Planet*

Für den Vortrag eines ganzes Dramas ist keine Zeit beim Poetry Slam, der Poetry Slam ist für sich ein Drama, in dem Autoren um ihre Platzierung bangen, das Publikum vom Rausch in die Depression und vielleicht die Ödnis der gähnenden Langeweile gejagt wird, mit etwas Glück ein paar Erkenntnisse mitnimmt oder eine schöne Zeile bei ihm nachklingt.
Wehwalt Koslovsky, ein deutscher Slam Poet, hat Slam Poetry generell einmal als „Fünf-Minuten-Miniatur-Theater" bezeichnet. Mein persönliches Verständnis von Slam Poetry ist ein etwas lyrischeres und prosaischeres, aber für viele Slam-Poeten dürfte diese Definition stimmig klingen.

Die Rede

Bei Poetry Slams werden also auch Texte vorgetragen, die nicht an erster Stelle lyrisch ⇨ *Lyrik* oder prosaisch ⇨ *Prosa,* sondern dramatisch sind. Reden zum Beispiel, Monologe. Explizit die immer wieder einmal auftauchenden Publikumsbeschimpfungen. Mit einer Publikumsbeschimpfung gewann zum Beispiel der Autor und Slam-Poet Jan Off im Jahr 2000 die deutschsprachigen Poetry-Slam-Meisterschaften.

Stilmittel
⇨ *Die Rhythmik*

Übung
⇨ *Du bist Papst!*
⇨ *Wer willst du sein? Wer bloß nicht?*

Literarische Comedy

Ebenfalls zur Dramatik gehören für mich die Texte, die ich als „Literarische Comedy" bezeichnen möchte: Das Publikum wird in diesen kabarettistischen Texten oft direkt angesprochen, eine Art „erzählende Rede" wird vorgetragen, die in der Regel auf humorvolle Weise provoziert oder Unliebsames thematisiert.

Stilmittel
⇨ *Der Spaß*

Übung
⇨ *Meine Nerven!*
⇨ *Pubertät*

Beispieltext
⇨ Marc-Uwe Kling: Generation Praktikum. In: Texte und Materialien für den Unterricht. Slam Poetry. Reclam 2008
Der Text findet sich ebenfalls unter: *http://www.goethe.de/ges/dos/arb/gpr/de1973735.htm*
Hörversion: *http:youtube.com/watch?v=zL0iReUPAZc*

Dramatik

Interaktive Texte

Auch interaktive Texte werden bei Poetry Slams vorgetragen. Wenn sie gut gemacht sind, dann zur großen Freude des Publikums: Denn bei diesen Texten darf das Publikum mitmachen. Auf zum Beispiel eine bestimmte Geste des Slam-Poeten hin sagt das Publikum einen bestimmten Satz, schreit ein Wort, seufzt, der Fantasie sind da keine Grenzen gesetzt. Das Publikum kann auch zum rhythmischen Schnipsen o. Ä. aufgefordert werden, zu dem der Poet dann seinen Text vorträgt.

Übung

⇨ *Du bist Papst!*
Fordere dein Publikum zum Beispiel auf, mit dir zu beten oder mache sonst einen lustigen Spaß. Versuche, es so zu machen, dass sich niemand in seinen religiösen Gefühlen verletzt fühlt.

⇨ *Die totale Erschöpfung*
Lass dein Publikum zum Beispiel regelmäßig im Chor sagen:
„Ich kann nicht mehr!"

Teamtexte

Beim Slam vermehrt zu finden sind heute auch Teamtexte. Mehrere Autoren verfassen zusammen einen Text und tragen ihn gemeinsam vor. Es kann sich dabei zum Beispiel um ein Lautgedicht handeln oder um eine gemeinsam erzählte Geschichte. Oft wird auch in verteilten Rollen ein Minidrama, eine Art Sprechakt aufgeführt.
Bei den jährlichen deutschsprachigen Poetry-Slam-Meisterschaften gibt es neben dem Einzelwettbewerb auch den Teamwettbewerb. Dieser hat in den letzten Jahren sehr an Ansehen gewonnen, da sich immer mehr gute Poeten zusammengefunden und an gemeinsamen Texten und den vielfältigen Möglichkeiten des gemeinsamen Vortrags gearbeitet haben. Wer wissen möchte, wie genau ein sogenanntes „Teampiece" funktionieren kann, der sollte sich die DVD zum Slam 2005 ⇨ *Buch-Tipps* anschauen oder nach drei guten, deutschsprachigen Teams googeln: *„The Boys With The Girls In The Back", „Smaat"* und *„Word Alert"*.

Übung

⇨ *Glückliche Liebe. Ist das normal?*
⇨ *Wie ich einmal Weihnachten überlebt habe*
Hier könnten die schlimmsten Weihnachtserlebnisse zusammengetragen, zu einem gemeinsamen Text gestrickt und dann dramatisch vorgetragen werden.

Literarische Stilmittel

Formale Stilmittel 3.

Ein Text wird in der Regel durch bestimmte vom Schreibenden benutzte Stilmittel zu einem literarischen Text. Es gibt Stilmittel, die einem Text eine bestimmte Form geben: zum Beispiel die Zeile im Gedicht oder das Benutzen ausschließlich sehr kurzer Sätze in einem Prosatext. Es gibt Stilmittel, die ein Thema auf eine Weise transportieren sollen, die dem Schreibenden gerade besonders angemessen erscheint: Während eine Person nach einer verunglückten Liebe einen spaßigen Text schreibt, vielleicht um die Erfahrung abzuschütteln, schreibt eine andere Person einen sehr empfindsamen Text, vielleicht, um das Erlebte tiefer zu begreifen.

Es werden kurz verschiedene, typische formale und inhaltliche Stilmittel vorgestellt. Außerdem gibt es Tipps und Verweise, wie diese Stilmittel benutzt werden können.

Die Erzählperspektive

Bei Poetry Slams funktionieren zumeist die Texte am besten, die aus der Ich-Perspektive erzählt sind. Denn diese Texte wirken meistens am direktesten. Ob du etwas erzählst, das du tatsächlich erlebt hast oder dich einfach in eine andere Figur hineinversetzt, ist dabei weniger entscheidend.

Übung
⇨ *Wie ich einmal Weihnachten überlebt habe*
⇨ *Meine Nerven!*

Der Reim

Ein Reim schmeichelt dem Ohr. Von zu vielen Reimen kann dem Ohr aber auch übel werden. Wer das Reimen liebt, sollte darauf achten, nicht ständig „Herz" auf „Schmerz" und „Lust" auf „Frust" zu reimen, sondern ein bisschen origineller zu werden.

Zudem ist es erfrischend, wenn nicht nur am Zeilenende gereimt wird (diesen Reim nennt man „Endreim"), sondern auch in der Mitte einer Zeile oder in der Mitte einzelner Worte (diese Reime nennt man „Binnenreime") oder am Anfang einer Zeile oder am Anfang einzelner Worte (das sind dann sogenannte „Alliterationen" oder „Stabreime").

Wer Endreime mag, aber trotzdem nicht altbekannt reimen möchte, kann einen sogenannten „unreinen Reim" benutzen: Hier stimmen dann nur die Vokale überein, nicht die Konsonanten, zum Beispiel „sehen"/„Wegen".

Es gibt zahlreiche weitere Möglichkeiten zu reimen. Wenn dich das Reimen interessiert, dann schau einmal im Netz bei *Wikipedia* unter „Reim" nach. Außerdem gibt es Reimlexika, in denen Endreime nachgeschlagen werden können ⇨ „Das Reimlexikon" von Willy Steputat (⇨ *Buch-Tipps*).

Übung
⇨ *Glückliche Liebe. Ist das normal?*
⇨ *Wer willst du sein? Wer bloß nicht?*

Formale Stilmittel

Literarische Stilmittel

Die Metapher

Eine Metapher ist ein bildhafter Vergleich. Das Gemeinte wird durch ein Bild zum Ausdruck gebracht, das aus einem ganz anderen Bereich stammt. Zum Beispiel wird jemand als „Haupt der Familie" bezeichnet. Oder anstatt von „sterben" zu sprechen, sagt man, jemand sei „von uns gegangen".

Neben der Metapher gibt es auch den „metaphorischen Vergleich". Ein Beispiel findet sich in dem Text ⇨ *Käsearsch* von Lilja Girgensohn auf Seite 18/19. Sie schreibt dort: *„Dein Arsch sieht aus wie ein Mond aus Käse auf dem Wasser."* Hätte Lilja Girgensohn statt eines metaphorischen Vergleiches eine echte Metapher benutzt, hätte sie hier geschrieben: „Dein Arsch ist ein Mond aus Käse."

Übung
⇨ *Im Himmel*
⇨ *In der Hölle*
⇨ *Paradies, Paradies, Wonne, Wonne*

Die Repetition/Der Refrain

Eine Repetition oder ein Refrain bezeichnet eine Wiederholung. Wiederholungen können gerade in vorgetragenen Texten schön sein, da sie, dem Reim ähnlich, dem Ohr schmeicheln, bestenfalls eine für den Text wichtige Aussage wieder aufgreifen und dem Publikum zugleich eine kurze Konzentrationspause gönnen, weil es den wiederholten Textteil schon kennt. Wer Spaß an Interaktion ⇨ *Interaktive Texte* hat, kann den Refrain auch vom Publikum sprechen lassen.

Übung
⇨ *Typisch ich*
⇨ *Soziale Wirklichkeit*
⇨ *Es war umsonst. Denn es war Liebe*

Die Strophe und die Zeile

Ein poetischer Text wirkt oft besonders rund, wenn er eingeteilt ist in mehrere gleich lange Strophen. Manche Gedichte sind sogar so verfasst, dass jede Zeile gleich viele Silben hat. Und manche Schreibende gehen noch weiter und achten nicht nur auf die gleiche Anzahl an Silben, sondern auch darauf, dass sich Hebungen und Senkungen in jeder Zeile nach dem immer gleichen Schema wiederholen.

Es kann Spaß machen und herausfordern, sich entsprechend auszuprobieren. Achte aber darauf, dass eine strenge Form nicht auf Kosten deines Inhalts geht, der am Ende sicher wichtiger ist als eine (vermeintlich) perfekte Textstruktur.

Übung
⇨ *Es war umsonst. Denn es war Liebe*
⇨ *Angst*

Tipp
Wer will, kann sich im Internet einmal über Haiku, Sonett, Sestine und Blankvers informieren. Verschiedene lyrische Spielarten werden auch in dem Buch „66 Schreibnächte" (siehe Buch-Tipps) vorgestellt.

Literarische Stilmittel

Formale Stilmittel

Die Rhythmik

Nicht nur Gedichte, auch Geschichten können in einer bestimmten Rhythmik verfasst werden. Wenn eine Geschichte spannend oder sehr intensiv wird, kann eine treibende Rhythmik des Textes ihren Inhalt verstärken. Wenn eine Figur in einem Gedicht nicht weiß, was sie will, kann dieser Eindruck durch eine wechselnde Rhythmik spielerisch verdeutlicht werden. Eine sanfte Naturbetrachtung kann zum Beispiel durch einen gleichmäßigen, ruhigen Rhythmus unterstrichen werden.

Übung
⇨ *Paradies, Paradies, Wonne, Wonne*
⇨ *Der Lieblingsplatz*

Der Satzbau

Bei Poetry Slams gewinnen immer wieder Geschichten, die in kurzen, klaren Sätzen geschrieben sind. Wahrscheinlich, weil sie es dem Publikum leicht machen, dem Text zu folgen und sehr direkt wirken. Gelegentlich gewinnt auch einmal ein Text, der in extra langen Sätzen geschrieben ist und gerade damit spielt, trotz Endlossätzen noch verständlich zu sein.
Generell gilt: Wer gern viele Nebensätze benutzt, sollte diese beim Vortrag sehr gut betonen, damit das Publikum beim Zuhören den Faden nicht verliert. Eingeschobene Nebensätze können zum Beispiel mit einer etwas höheren oder tieferen Stimme vorgetragen oder durch kleine Pausen abgehoben werden.

Übung
⇨ *Schwester Berta fasst es nicht …*
⇨ *Der unbekannte Planet*
⇨ *Wie ich einmal Weihnachten überlebt habe*

Das Satzzeichen

Satzzeichen gliedern einen Text. Der bewusste Einsatz von Satzzeichen eignet sich hervorragend, um Slam-Texte fit für den Vortrag zu machen. In einem temperamentvollen Text erleichtern dir Ausrufezeichen, in einem nachdenklicheren Text Gedankenstriche und Fragezeichen die Betonung. Was in einem Schulaufsatz oder Roman schnell zu viel werden kann, ist in Slam-Texten oft ein wunderbares Hilfsmittel für den Vortragenden.

Übung
⇨ *Bekannter Größenwahn*
⇨ *Meine Nerven!*
⇨ *Angst*

Inhaltliche Stilmittel

Literarische Stilmittel

Der Spaß

Texte, die dem Publikum und den Schreibenden selbst Spaß machen, funktionieren bei Poetry Slams zumeist wunderbar. Warum? – Weil Lachen befreit, ablenkt von Sorgen, den Körper entspannt.
Es gibt zahlreiche Möglichkeiten, sich selbst und andere durch Worte zum Lachen zu bringen:
- Du kannst einfach lustig sein.
- Du kannst dich über jemanden oder etwas lustig machen, am besten so, dass sich niemand persönlich getroffen fühlt. Verändere zum Beispiel ein paar Kleinigkeiten, wenn es sich um eine reale Person handelt, sodass sie nicht klar zu erkennen ist.
- Du kannst dich über dich selbst lustig machen. Du kannst so tun, als fändest du etwas toll, das du in Wirklichkeit schrecklich findest. Sobald alle merken, dass du, was du sagst, ironisch meinst, kann es sehr lustig werden.
- Du kannst etwas Wichtiges oder Emotionales so kurz und trocken darstellen, dass alle darüber lachen werden.
- Du kannst Sachverhalte übertreiben und verzerren.
- Du kannst bissig und scharf sein.
- Du kannst die Erwartungshaltung deines Publikums durchbrechen, indem du einen ungewöhnlichen Blick auf Vertrautes wirfst.

Übung
⇨ *Wie ich einmal Weihnachten überlebt habe*
⇨ *Meine Nerven!*
⇨ *Die Sucht ist eine Suche*
⇨ *Schwester Bertha fasst es nicht*

Die Empfindsamkeit

Wer in seinen Texten und auf der Bühne Gefühle zeigt, kann die Herzen des Publikums gewinnen. Warum? – Weil alle Menschen Gefühle haben und fast alle Menschen Gefühle verstecken, weil sie nicht zu passen scheinen in eine Welt, in der oft Leistung und Flexibilität verlangt werden. Wenn plötzlich jemand Gefühle zeigt, kann das Menschen tief berühren, an verschüttete Sehnsüchte, an Traurigkeiten oder Lieben erinnern.
Wer Gefühle zeigt, kann sich angreifbar machen. Manchmal ist es genau diese Schutzlosigkeit, die einen Menschen dann schön macht. Manchmal ist es aber auch andersherum: Ein Mensch, der zu viel preisgibt von seinem Gefühlsleben, kann auch einmal abstoßend wirken, das Publikum unangenehm betroffen machen.
Wie im wirklichen Leben ist der sehr offene Umgang mit Gefühlen auch auf der Bühne eine Gratwanderung. Wenn sie gelingt, können alle Seiten ein neues Land erreichen.

Übung
⇨ *Es war umsonst. Denn es war Liebe*
⇨ *Die totale Erschöpfung*

Literarische Stilmittel

Inhaltliche Stilmittel

Die Fantastik

Wer sich in der Wirklichkeit langweilt, kann sie verändern – zumindest in der Literatur. Du kannst Tiere sprechen lassen, neue Welten und Wesen erfinden, die Naturgesetze auf den Kopf stellen und Menschen fliegen, Fische laufen lassen. Du kannst Geräte erfinden, die das Leben der Menschen verändern, Häuser bauen, die über die Erde schweben ... und staunen, dass dein Publikum vielleicht genauso viel Freude an deinen Schöpfungen und Spielereien hat wie du. Denn fast alle Menschen haben sich ihre freie, im besten Sinne kindliche Fantasie bewahrt.

Übung
⇨ *Ritter, Bauer, Edelfrau?*
⇨ *Die Welt in 100 Jahren*
⇨ *Der unbekannte Planet*
⇨ *Das Fußballmärchen*

Die Romantik

Du bist von Liebe und Sehnsucht erfüllt und willst auch andere mit Liebe und Sehnsucht erfüllen? Nur zu, wer sein Herz nicht ganz verschlossen hat, wird sich freuen. Achte vielleicht darauf, nicht ständig „Herz" auf „Schmerz" zu reimen und generell das zu vermeiden, was alle schon zu oft gehört haben: „Er schaute mir in die Augen, und ich schaute ihm in die Augen, und dann küssten wir uns heiß und innig. Und dann sagte er: Ich liebe dich. Und ich sagte: Ich liebe dich…" So etwas geht wahrscheinlich nicht gut, zumindest nicht, wenn du es ernst meinst. Denn genau diese Szene ist uns allen doch schon so oft in irgendwelchen Filmen und Büchern begegnet, sodass sich wahrscheinlich nur noch gähnende Langeweile einstellt.
Trau dich, deine ganz persönlichen Bilder von Liebe und Sehnsucht zu entwickeln.

Übung
⇨ *Glückliche Liebe. Ist das normal?*
⇨ *Paradies, Paradies, Wonne, Wonne*
⇨ *Der Lieblingsplatz*
⇨ *Im Himmel*

Inhaltliche Stilmittel

Literarische Stilmittel

Der Ernst

Der pure Ernst begegnet einem auf Slam-Bühnen nicht so oft wie der Spaß, die Fantastik, die Empfindsamkeit.

Mit einem ernsten Text lässt sich ein Poetry Slam nicht leicht gewinnen, denn er erfüllt das Publikum vielleicht nicht mit Liebe und lässt es wahrscheinlich nicht lachen. Trotzdem gewinnen gelegentlich sehr ernste Texte bei Poetry Slams.

Für mich sind das dann oft die Sternstunden der Poetry-Slam-Bewegung. Warum? – Weil es eine hohe Kunst ist, die Welt so zu sehen, wie sie ist, ohne sich durch Witz von ihr zu distanzieren, ohne sie durch vielleicht überschwängliche Gefühle zu verschleiern.

Übung

⇨ *Die Sucht ist eine Suche*
⇨ *Die totale Erschöpfung*
⇨ *Angst*
⇨ *In der Hölle*
⇨ *Tote Blumen*

Über das freie Schreiben

Über das freie Schreiben

Mir machen Schreibübungen viel Spaß. Sie fordern mich heraus, ein bestimmtes Thema oder eine bestimmte literarische Form anzugehen, die ich ohne die Anregung von außen in einem bestimmten Moment nicht angegangen wäre.

Trotzdem ist für einen Autor das freie Schreiben die Regel und die Übung die schöne Ausnahme.

Aber wie funktioniert das freie Schreiben?

Der Musenkuss

Ich persönlich warte meistens, dass mich die Muse küsst, dass ein Moment kommt, ein in irgendeiner Weise intensiver Moment, der festgehalten werden will.

> **Erstes Beispiel**
> *Der Mond scheint so schön. Auf den Kanal, an dem entlang ich spätabends spaziere. Alleine. Weil der Mann nicht da ist. Der eine eben.*

Diese Situation ruft nach einem melancholischen Gedicht. Das wird dann am besten noch während des Spaziergangs auf einem Zettel festgehalten. Zettel und Stift hat ein Autor immer bei sich. Manch einer verlässt nie ohne sein Notizbuch das Haus. Falls doch einmal kein Stift und Papier zur Hand sein sollte: Wenn dir der entstehende Text wichtig ist, schaffst du es, ihn dir zu merken.

Das Gedicht wird bestenfalls noch in der Nacht oder am nächsten Tag in den Rechner getippt. Dann wird es in der Regel einige Male überarbeitet ⇨ *Überarbeitung von Texten.*

Mit einem derartigen Text einen Poetry Slam zu gewinnen, ist schwer, aber die Herzen all der gerade einsamen Menschen hast du berührt. Das ist auch nicht zu verachten, wenn nicht sogar schöner.

> **Zweites Beispiel**
> *Ich ertrag's nicht! Schon wieder bloß Irre in der Bahn! Ich will meine Ruhe! Oh Gott, was macht die Alte jetzt? Die labert echt den Typen da an!*

Diese Situation verlangt nach einer ganz bösen Geschichte. Da wird dann festgehalten, was für unglaubliche Mitmenschen einem gerade den Tag verderben.
Für eine richtig gute, also böse Geschichte macht es eventuell Sinn, öfter Bahn zu fahren, die seltsamsten Begebenheiten festzuhalten und irgendwann zu einer Geschichte zusammenzufügen. Hier darf dann auch ordentlich übertrieben werden. Fertig ist die perfekte Slam-Story.

Über das freie Schreiben

Halt, fertig ist sie in der Regal noch nicht. Bei einer perfekten Slam-Story sollte jedes Wort sitzen. So ist auch hier mehrfaches Überarbeiten zumeist unerlässlich ⇨ *Überarbeiten von Texten.*

> **Drittes Beispiel**
> *Wie die mich anguckt. Oh, Mann! Nochmal. Ich will, dass sie ... alles mit mir ...*

Drei Möglichkeiten gibt es jetzt.
- Die erste: Tatsächlich, im wirklichen Leben, alles mit der Frau erleben. Damit du später ein trauriges Gedicht von Trennung und Schmerz schreiben kannst oder eine bitterböse Abschiedsstory.
- Zweite Möglichkeit: Jetzt ist Slam Poetry dran, Slam Poetry im engeren Sinne: ein Text, der sich zwischen Lied und Gedicht bewegt. Du bist ein bisschen verliebt? Da könnte was werden? Du weißt aber nicht, wie? Jetzt kannst du mit schönen Lauten spielen, wenn du schon nicht mit ihr spielst.
- Dritte Möglichkeit: Du denkst erst einmal weiter: *Ja, die Frau ist gut, na ja, vielleicht auch nicht. Die letzte sah auch gut aus, und alles sah gut aus, aber dann ...*
Wenn das gerade eher deiner Lebenshaltung entspricht, dann schreibe jetzt eine kurze Erzählung: Wie das im Leben so ist, welche Hoffnungen du verloren hast, aber wie wunderbar jetzt dieser Blick ist ...

Die Liebe ist ein unendliches Thema. Wenn du nicht völlig klischeehafte, also zu oft gehörte und damit langweilige, sprachliche Wendungen benutzt, hast du die Herzen der Zuhörer zumeist auf deiner Seite.
Zugleich solltest du nie einen Text schreiben, um das Publikum auf deine Seite zu ziehen, wichtiger als jedes Publikum ist, dass dein Text zu dir passt. Vergiss das nie!

Die feste Schreibzeit

Es gibt Autoren, die sich jeden Tag um Punkt acht Uhr morgens an den Rechner setzen und vier Stunden arbeiten, eine Mittagspause machen und noch einmal vier Stunden arbeiten. Sie entscheiden sich zum Beispiel für ein Thema, das sie interessiert, und dann wird dieses Thema diszipliniert abgearbeitet.
Wiederum andere Autoren setzen sich auch, ohne ein Thema oder eine Idee zu haben, morgens hin und schreiben drauflos. Manche bekommen dabei plötzlich, scheinbar aus dem Nichts heraus, geniale Einfälle, sodass auch diese Herangehensweise zu guten Ergebnissen führen kann.
Du solltest ein wenig schauen, was zu dir passt, vielleicht auch einfach die verschiedenen Herangehensweisen ans Schreiben ausprobieren.

Über das freie Schreiben

Den Horizont öffnen

Wenn die Muse dich nicht küsst, du keine Lust auf eine Schreibübung, aber auch nicht die Disziplin hast, dich an einem Thema, das dich interessiert, abzuarbeiten, musst du nicht verzweifeln. Außer, wenn du einen verzweifelten Text über deine Schreibblockade verfassen möchtest, was viele Autoren gern einmal tun. Was vielleicht aber auch schon zu viele getan haben.

- Statt zu verzweifeln, kannst du früher entstandene Texte überarbeiten ⇨ *Überarbeiten von Texten*. Das lohnt sich. Manchmal liegt wunderbares Material in der Schublade, das noch einmal deine Aufmerksamkeit benötigt, um zu einem runden Text zu reifen.
- Statt zu verzweifeln, kannst du lesen. Den Roman eines Autoren, der dich schon lange interessiert. Neue Lyrik, um zu schauen, wo die Sprache gelandet ist. Einen Klassiker, um herauszufinden, ob er diesen Namen deiner Meinung nach verdient. Um, vielleicht, eine wunderbare Entdeckung zu machen: *Ein Bild, das der Autor gefunden hat, berührt dich. Ein Satz, verrückt gebaut, fasziniert dich.* Was du liest, beeinflusst in der Regel dein eigenes Schreiben. Vielleicht inspiriert es dich direkt.
- Auch Reisen kann das Schreiben befördern. Neue Eindrücke wollen manchmal schnell ausgedrückt werden, um sie zu fassen.
- Schließlich kannst du im Internet nach Video- und Audiodateien von Autoren, insbesondere auch Slam-Poeten, suchen. Vielleicht entdeckst du dabei einen Text, den du so noch nie gehört hast, ein Thema fordert dich heraus, provoziert dich vielleicht, und ein neuer Text kann entstehen. Lies davor aber unbedingt ⇨ *Über das Nachahmen und die Eigenständigkeit*.
- Als weitere Möglichkeit bleibt dir, den Vortrag eines bereits fertigen Textes einzuüben ⇨ *Texte performen*.

Mein Tipp
Setz dich mit dem Schreiben nicht unter Druck! Gechillt irgendwo Kaffee trinken, macht auch Spaß, Fußball spielen, eine Ausstellung besuchen ... Das Leben ist zu bunt, um sich wegen eines gerade einmal nicht entstehenden Textes zu ärgern. Wenn du es gar nicht erwartest, steht plötzlich eine wunderbare Zeile in deinem Kopf und macht dich glücklich.

Über das Nachahmen und die Eigenständigkeit

Wenn ein Slammer mit einem bestimmten Text viele Slams gewinnt und das Publikum wirklich begeistert, braucht man in der Regel nicht lange zu warten, um andere Slammer mit ähnlichen Texten auf der Bühne zu hören.
Verständlich: Wenn da eine bestimmte Sorte Text so großartig ankommt, ist es verlockend, diese bestimmte Sorte Text selbst zu verfassen, um dann genauso große Begeisterung auszulösen.

Jeder Mensch lernt über Nachahmung. Fast jeder, wenn nicht jeder Künstler wird beeinflusst von der Arbeit anderer Künstler. Fast jeder, wenn nicht jeder Slammer wird beeinflusst durch die Texte und die Vortragsweise anderer Slam-Poeten.

Aber: Den Text eines anderen Slammers nachzumachen, ist nicht okay. Selbst wenn dein nach einer Vorlage verfasster Text gut wird und das Publikum ihn liebt – der Slammer, den du kopiert hast, wird dich nicht lieben. Und da zudem vielen anderen Slammern und teilweise auch dem Publikum auffallen wird, dass du deinen Stil nicht eigenständig entwickelt hast, sondern kopierst, kann der Respekt dir gegenüber, der am Anfang immer erst einmal da ist, eventuell geringer werden.

Wenn dir etwas an Text und Vortrag eines anderen Slammers gefallen hat, dann sollst du natürlich für dich daraus lernen. Jeder gute Lyriker liest über die Jahre sicherlich hunderte, vielleicht tausende von Lyrikbänden, nimmt wahr, wie andere Lyriker arbeiten und lässt sich davon beeinflussen. Du solltest aber unbedingt darauf achten, dass du den Stil eines anderen Slammers nicht einfach kopierst. Deine ganz eigene Sprache, deine Art vorzutragen soll überwiegen, damit du, genau du, erkennbar bist.

Was jedoch andere Slammer und das treue Slam-Publikum im Gegensatz zur Kopie würdigen, sind Texte, die auf andere Slam-Texte antworten. Wenn du dich über einen Text zum Beispiel sehr geärgert oder gefreut hast, bring ruhig beim nächsten Slam einen Antworttext. Sich aufeinander zu beziehen, kann Spaß machen. Das ist dann eine offene Sache – im Gegensatz zum in der Regel nie offen zugegebenen, aber dennoch offensichtlichen Kopieren.

Das Überarbeiten von Texten

Das Überarbeiten von Texten gehört selbstverständlich zum Schreibprozess dazu. Die erste Fassung eines Textes ist nur in seltenen Fällen perfekt.

So kannst du vorgehen
Lies deinen Text, nachdem du ihn geschrieben hast, durch – eventuell immer wieder.
- Überprüfe, ob die Rhythmik stimmt, wenn dein Text eine bestimmte Rhythmik hat oder haben soll.
- Überprüfe, ob die Grammatik überall stimmt: Manchmal springt man versehentlich in den Zeiten, zum Beispiel von der Vergangenheitsform in die Gegenwart und wieder zurück. Überlege, ob das so sein soll oder doch besser nicht.
- Wenn du einen poetischen Text geschrieben und ⇨ *Metaphern* verwendet hast, dann frage dich, ob sie originell sind und passen. Manche Sinnbilder wurden schon in so vielen Liedern und Gedichten verwendet, dass sie nur noch Gähnen auslösen. Diese solltest du möglichst nur in einem Text verwenden, der Klischees bewusst aufdecken will.
- Wenn du in einem Gedicht eine bestimmte literarische Form verwenden möchtest, dann überprüfe Metrik, Reime, Strophenform u. Ä.
- Warst du irgendwo zu ausführlich? Hast du Dinge beschrieben, die für das Textverständnis keine Bedeutung und auch keinen anderweitigen Mehrwert haben? – Dann streiche sie. Manchmal sind es auch nur einzelne Wörter, die zu viel sind.
- Hast du etwas ausgelassen, das für das Textverständnis wichtig wäre? Dann füge es noch ein. Natürlich so, dass es stilistisch und ggf. rhythmisch zum Satz oder zur Zeile davor und/oder danach passt.

Die Überarbeitung kann eine Art Feinschliff sein, während die erste Fassung eines Textes manchmal noch sehr roh ist. Vielleicht hast du die erste Fassung deines Textes sehr schnell geschrieben, ohne über Struktur und Sprache nachzudenken. Manchmal kann vollkommen sein, was man in der ersten Fassung schreibt. In der Regel macht es aber Sinn, später mit kühlerem und konzentriertem Blick noch einmal über den Text zu gehen.

Falls du unsicher bist, ob dein Text gut ist, kannst du den Text anderen Menschen, denen du vertraust, vorlesen oder zum Lesen geben. Ein Feedback zu holen und den Text auf dieses Feedback hin eventuell noch einmal zu überarbeiten, kann dir Sicherheit geben.

Was ist denn nun ein guter Text?

Kunst lässt sich nicht einfach und gerecht bewerten. Deshalb solltest du die Wertung bei Poetry Slams auch nicht allzu ernst nehmen. Der Wettbewerb ist dazu da, Literaturveranstaltungen unterhaltsam zu machen und das Publikum mit einzubeziehen.

Trotzdem gibt es ein paar Anhaltspunkte, an denen du gute Texte erkennen kannst:
- Ein guter Text berührt dich sprachlich und/oder inhaltlich in besonderer Weise, während du ihn liest oder hörst.
- Ein guter Text beschäftigt dich nach dem Hören oder Lesen weiterhin, vielleicht denkst du noch Jahre später an ihn.
- Ein guter Text überrascht dich: Vielleicht wird etwas Besonderes erzählt. Vielleicht wird etwas Alltägliches auf besondere oder ungewöhnliche Weise erzählt. Vielleicht werden sprachliche Bilder verwandt, die du so noch nie gelesen oder gehört hast, die aber wunderbar zu dem passen, was ausgedrückt werden soll. Vielleicht verändert ein Text sogar dein Leben.
- Manche Autoren verstehen es, bestimmte literarische Stilmittel besonders sicher einzusetzen oder beherrschen das Verfassen einer bestimmten Textgattung, vielleicht auch mehrerer, perfekt. Es kann faszinierend sein, solche Texte dann zu hören oder zu lesen. Trotzdem: Auch diese Texte sind vielleicht nur dann wirklich gut, wenn sie mehr transportieren als die Form, nämlich Inhalt. Du kannst also formal alles richtig gemacht und trotzdem einen Text geschrieben haben, der nicht abhebt, dem das gewisse Etwas fehlt.

Erzwingen lässt sich gute Literatur schlussendlich nicht. Dann quäle dich nicht unentwegt an den Schreibtisch, sondern lebe einfach dein Leben – vielleicht kommen die Momente, in denen eine Stimme flüstert: *„Das musst du aufschreiben!"* Und vielleicht ist es dann gut und wunderbar – Literatur.

Texte performen

1. Das A&O der Performance 69

    1.1 Mach dir klar, was zu dir passt 69

    1.2 Lampenfieber ist nicht schlimm 70

    1.3 Bereite deinen Text vor 70

    1.4 Die Textauswahl 72

    1.5 Weitere Vorbereitungen 73

    1.6 Direkt vor dem Auftritt 74

    1.7 Die Bühnensituation 74

    1.8 Nach dem Auftritt 76

Exkurs: Einen Poetry Slam veranstalten 77

Das A&O der Performance

Beim Poetry Slam kommt es nicht nur darauf an, einen guten Text zu haben, sondern auch, diesen gut zu präsentieren – schließlich will ein Publikum überzeugt werden. Ein unsicher ins Mikrofon gestammelter Vortrag löst in der Regel nur Begeisterung aus, wenn der unsicher ins Mikrofon gestammelte Vortrag zum Text passt.

Böse Zungen behaupten, bei einem Poetry Slam gehe es ja nur um die Performance, mit einem guten Vortrag sei ein Slam schon gewonnen. Sehr selten kommt das einmal vor. In der Regel gewinnen Poeten, die etwas zu sagen haben und es überzeugend tun.

Wie aber kannst du, was du geschrieben hast, auf der Bühne überzeugend vortragen?

1.1 Mach dir klar, was zu dir passt

Das Wichtigste ist tatsächlich, dass nicht nur dein Text, sondern auch dein Vortrag zu dir passt, dass beides also **authentisch** ist. Das heißt nicht, dass du auf der Bühne nur von dir sprechen sollst, du kannst natürlich trotzdem in andere Rollen schlüpfen, deine Stimme verstellen, Gesten benutzen, die du im Alltag nicht benutzt, wenn das alles zu deinem Text passt und du bewusst machst, dass du gerade nicht dich selbst darstellst.

Oft liegt es nahe, auf der Bühne nicht viel anders zu sein als im wirklichen Leben. Wenn du ein eher zurückhaltender Mensch bist, der sich eher vorsichtig durchs Leben bewegt und selten laut wird, wird die Rolle des Bühnenkaspers vielleicht nicht zu dir passen, während ein ruhigeres Auftreten ein Publikum vielleicht besonders konzentriert auf deinen Text hören lässt. Zu viel Wirbel auf der Bühne kann ein Publikum auch anstrengen, sogar nerven. Überaktivität passt in meinem Empfinden sowieso nur zu wenigen Menschen und Texten. Trau dich also, Raum zu lassen, ruhig zu sein.

Du musst dein Publikum nicht in Extase versetzen. Manchmal reicht ein schelmisches Grinsen an der richtigen Textstelle, um die Herzen zu gewinnen, manchmal reicht der richtige Text, und es braucht nicht einmal ein Grinsen. Texte gibt es sogar, so gut, dass sie nicht einmal einen guten Vortrag benötigen, aber diese Texte sind selten.

Wenn du ein romantischer Mensch bist, und dein Text ist romantisch, dann trage ihn romantisch vor. Du wirst dafür in der Regel geliebt werden, denn zumeist sehnt sich auch der größte Zyniker insgeheim nach schönen, tiefen Gefühlen. Aber bleibe ehrlich – auch mit der Romantik kannst du es übertreiben. Dann bleibt am Ende vielleicht nur noch Kitsch. Und Kitsch kommt beim Slam eigentlich niemals gut an.

Wenn du ein Mensch der großen **Gesten** bist, dann mache auf der Bühne ruhig große Gesten, dann passt das zu dir – wenn die großen Gesten im Alltag wirklich zu dir passen und nicht aufgesetzt sind.

Es gibt Menschen, zu denen es passt, auf der Bühne die Arme auszubreiten. Es gibt Menschen, zu denen es passt, auf der Bühne herumzuturnen. Es gibt Menschen, zu denen es passt, sich schreiend auf den Bühnenboden zu werfen. Es gibt Menschen, zu denen es passt, ins Mikrofon zu brüllen. Zu anderen passt es, zu flüstern, zu hauchen, beinahe zu singen. Oder, und das ist die Regel, nicht lauter und leiser als für gewöhnlich zu sprechen.

Das A & O der Performance

Du kannst deine **Stimme** so einsetzen, dass du mit ihr deinen Text unterstreichst. Wenn in dem Text gerade etwas Spannendes passiert, kannst du bewusst schneller oder langsamer werden, beides kann dramatisch wirken.

Wenn du gerade von glücklicher Liebe sprichst, dann hindere deine Stimme nicht daran, glücklich zu klingen und deinen Körper nicht daran, weich zu werden, zugeneigt, wie auch immer du dich gerade fühlst.

Lass deinen Text etwas mit deiner Stimme und deinem Körper machen. Versetze dich in ihn hinein und lebe ihn, lass zu, dass du wieder in die Stimmung gerätst, in der du beim Schreiben des Textes warst. Und wenn du merkst: *Das geht nicht mehr,* dann trage den Text vielleicht bewusst ein wenig distanziert vor. Wenn er gut ist, erreicht er dein Publikum trotzdem.

Wenn dein Text von innerer oder äußerer Getriebenheit erzählt, dann trage den Text ruhig getrieben vor, intensiv und schnell.

Wenn dein Text traurig ist, dann lass zu, dass das Publikum Anteil nimmt. Ob du dein Publikum mutwillig betroffen machen willst, musst du für dich entscheiden, denn das kommt eher selten gut an. Trotzdem solltest du traurigere Texte nicht generell beiseite legen, aus Angst, du könntest Betroffenheit auslösen. Traurigkeiten kennt jeder Mensch, der eine mehr, der andere weniger. Und es kann schön sein, zu hören, dass man nicht allein damit ist – als Publikum genauso wie als Autor, der vom Publikum für ernste und auch traurige Texte zwar weniger mit Begeisterungsrufen, eher aber mit längerem Applaus und persönlicher Ansprache in der Pause oder nach der Veranstaltung bedacht wird.

Wenn du einen sachlichen Text vorträgst, sei ruhig sachlich. Wenn du für dich besonders wichtigen Worten Bedeutung verschaffen willst, dann versuche vielleicht einmal, sie einzeln konzentriert in den Raum zu setzen.

1.2 Lampenfieber ist nicht schlimm

Vermeiden solltest du, selbstbewusst zu wirken, wenn du es nicht bist. Das spürt das Publikum. Also, wer aufgeregt ist, muss das nicht überspielen, kann auf der Bühne auch einfach sagen: *Ich bin aufgeregt.* Meistens finden das alle charmant, verständlich, sympathisch, denn es erfordert – gerade, wenn es ungewohnt ist – Mut, vor einem größeren Publikum zu sprechen.

1.3 Bereite deinen Text vor

Am besten ist es, **gut vorbereitet** auf die Bühne zu gehen: den Text auswendig gelernt oder ihn mindestens mehrfach – am besten laut – gelesen zu haben.

Ich kenne auch eine Slammerin, die jeden neu entstandenen Text mehreren Freundinnen vorliest, die alle begeistert sein müssen, bevor sie sich damit auf die Bühne traut – und dann in der Regel den Slam gewinnt.

Trotzdem gilt: Je größer die Übung, desto weniger Vorbereitung bedarf es noch. Es sei denn, du willst etwas Neues probieren, eine andere Art von Text, die vielleicht eine neue Präsentation verlangt.

Das A&O der Performance

Wann sollte der Text auswendig vorgetragen werden?
Worauf ist beim Ablesen vom Textblatt zu achten?

Inbesondere poetische Texte ⇨ *Poesie* erreichen ein Publikum besser, wenn du sie **auswendig** lernst. Vielleicht, weil sie die Zuhörenden direkter ansprechen, du nicht mit dem Textblatt beschäftigt bist. Vielleicht, weil der Text einen besonderen Klang und Rhythmus hat und sich so schöner entfalten kann. Gerade, wenn du in deinem Text „ver-dichtet" hast, lohnt es sich jetzt, Raum zu geben, damit sich das „Ver-dichtete" wieder etwas öffnen kann.

Deine ⇨ *Prosa* musst du **nicht unbedingt auswendig** vortragen. Es gibt gelegentlich einmal einen Slammer, der das tut. Das kann aber übertrieben ambitioniert wirken und sich damit sogar negativ auf die Bewertung deines Auftrittes auswirken.

Einen Text, der sich **zwischen** ⇨ *Prosa* und ⇨ *Dramatik* bewegt, in dem zum Beispiel eine Geschichte erzählt, das Publikum aber auch direkt angesprochen, vielleicht sogar einbezogen wird, solltest du dagegen **ruhig auswendig** lernen, weil das dazu passen und auf eine natürlichere Weise lebendig wirken kann.

Wenn du einen Text vom Blatt abliest, dann drucke ihn dir nicht in einer winzigen Schrift aus. Ich habe mich schon hundert Mal über Slammer gewundert, die zum Teil nach Jahren noch erfolglos versuchen, einen in winziger, am besten noch verschnörkelter Schrift gedruckten Text auf der Bühne zu entziffern. Also wähle am besten eine Schrift, die ein **klares Schriftbild** hat und die du damit problemlos lesen kannst. Wähle außerdem eine großzügige **Schriftgröße**. Wenn du dich wegen eines unpraktischen Schriftbildes mehrfach verliest oder Pausen machen musst, ärgerst du dich am Ende nicht nur selbst, sondern vielleicht auch dein Publikum, dessen Aufmerksamkeit du ja auch unterbrichst.

Ansonsten: Wer auf der Bühne einen Fehler macht, kann auch liebenswert wirken. Wer den gleichen Fehler mehrfach wiederholt, kann irgendwann anfangen anzustrengen.

Generell gilt: **Es lohnt sich, auch Prosa einzuüben:** Lies den Text zur Vorbereitung mehrfach laut, **unterstreiche wichtige Stellen** oder hebe sie durch Markierungen entsprechend hervor.

Es gibt, wie bereits erwähnt, auch Slammer, die ihre Texte erst **vor Freunden erproben,** eine ganz junge Slammerin liest sogar alle Texte erst einmal ihren Eltern und ihrer Schwester vor. Schau, ob das zu dir passt und du Lust darauf hast und probiere das gegebenenfalls.

Wenn du deinen Text magst, dann lass dich von der eventuellen **Kritik** von Freunden und Familie nicht verunsichern. Frage dich einfach, ob ihre Kritik gerechtfertigt sein könnte. Dann nimm sie an und überarbeite den Text gegebenenfalls. Hast du das Gefühl, die Kritik ist unberechtigt, weil du deinen Text anders siehst, der Text zu deiner Mutter vielleicht wirklich nicht passt, er dir aber entspricht, dann trage den Text beim Slam vor!

Sollte er dort nicht ankommen, aber du weißt, er entspricht dir, dann bringe ihn wieder und wieder auf die Bühne. Manchmal erreicht ein guter Text erst beim zehnten Vortragen so dein Publikum, wie du es wolltest.

Natürlich kann es sein, dass du dich über deinen Text täuschst und tatsächlich etwas an ihm nicht stimmig ist. **Aber gib einen Text, den du magst, nicht einfach schnell auf.** Manchmal merkst du vielleicht auch selbst während der Vorbereitung deines Vortrages, dass an deinem Text etwas noch nicht stimmt. Vielleicht scheint ein einzelnes Wort dir nicht mehr zu passen. Oder eine ganze Strophe scheint überflüssig zu sein. Dann halte nicht an der vorhandenen Version fest, sondern versuche, sie noch einmal zu verbessern.

1.4 Die Textauswahl

Steigere dich möglichst in deinem Text oder in deinen Texten. Das heißt: Fange vielleicht ruhig an und werde nach und nach zum Beispiel pointierter, lustiger oder intensiver. Mache am Ende zum Beispiel etwas Dramatisches. Wenn du öde endest, wird die Wertung wahrscheinlich auch öde. Oder versuche, originell, berührend oder klug zu enden.

Für den Anfang gilt auch: Versuche, dein Publikum mit dem ersten Satz oder dem ersten Text gleich zu packen. Und glaube, wenn du das hier liest, trotzdem nicht, dass du das jedes Mal so hinbekommen musst. Glaube nicht, dass das immer und unbedingt zu einem gelingenden Auftritt gehört.

Wenn du es anders machen willst, mache es auf jeden Fall anders. Ich habe die Erfahrung gemacht, dass so ein Aufbau oft funktioniert, eine Garantie ist es aber nicht.
Es gilt außerdem: Bei Slams überzeugt immer wieder plötzlich ein Autor, der etwas ganz anders macht als die, die schon länger dabei sind.

Das A&O der Performance

> **Mein Tipp**
> **Lass dir Zeit, dich zu entwickeln.**
> Ein junger Slammer, der vielleicht nur mäßig gute Texte schreibt, sie aber sofort perfekt mit einem Schauspieler einübt, kann eventuell auch einmal lächerlich wirken, weil das Missverhältnis zwischen Text- und Vortragsqualität zu groß ist.
> Wer auf Dauer überzeugen möchte, sollte versuchen, ähnlich viel Wert auf die Schreib- und die Vortragskunst zu legen.

Der Vortrag eines Textes, den du beim Slam präsentieren willst, sollte nicht länger als fünf Minuten dauern. Es gibt selten Slams, bei denen ein Beitrag nur drei oder auch sechs, acht oder zehn Minuten dauern darf. **Fünf Minuten Zeit pro Auftritt sind die Regel.**

Lies dir deinen Text nach seiner Überarbeitung ⇨ *Überarbeitung von Texten* laut vor und **stoppe** dabei **die Zeit.** Es gibt Moderatoren beim Slam, die es mit der Fünf-Minuten-Regel nicht genau nehmen und dich wortlos zwei oder drei Minuten überziehen lassen. Es gibt aber auch Moderatoren, die dich unterbrechen werden.

Einen Text, für dessen Vortrag du zehn Minuten brauchst, solltest du beim Slam nicht bringen. Es ist einerseits den anderen Autoren gegenüber unfair, die sich an die Fünf-Minuten-Regel halten, es kann sich andererseits gegen dich wenden. Wenn dein Text nicht gut ankommt, dann kann es durchaus passieren, dass das Publikum nach fünf Minuten „Aufhören!" ruft. Wenn du nicht zu den wenigen Slammenden gehörst, die genau das provozieren wollen, dann passe besser auf.

Wenn du unbedingt einen Text vortragen möchtest, der die Fünf-Minuten-Grenze deutlich überschreitet, dann kündige das an, bevor du loslegst. Sage zum Beispiel: *Mein Text ist eigentlich zu lang, etwa acht Minuten, aber ich möchte ihn trotzdem gern lesen. Wenn ihr euch irgendwann langweilt, sagt Bescheid.* Nach so einer Ankündigung ist ein Publikum in der Regel großzügig, selbst wenn dein Text nicht alle mitreißen sollte.

Der Vortrag eines Gedichtes, einer Prosaskizze oder einer kurzen Betrachtung dauert nicht immer fünf Minuten. **Wenn du mehrere sehr kurze Texte hast, die du magst,** lies einfach mehrere. Wenn diese kurzen Texte schwierig sind, dann lies lieber kürzer, als die fünf Minuten ganz auszunutzen. Außerdem: Lieber drei kurze, gute Gedichte als sechs, von denen drei nur mittelmäßig sind und durch die du dann hindurchhetzt. **Gib deinen Texten Raum.** Wenn du nur ein kleines Gedicht hast, das du magst, dann lies nur dieses eine Gedicht.

1.5 Weitere Vorbereitungen

Es gibt Slammer, die Schauspielunterricht nehmen, um auf der Bühne besonders präsent zu sein. Es gibt Slammer, die vor jedem Slam lange vor dem Spiegel stehen, um sich für die Bühne schön zu machen. Wenn das zu dir passt: Tu es. Aber übertreibe es vielleicht nicht. Wenn du Pech hast, lenkt es dich von dem ab, was du eigentlich zeigen und sagen willst. Sei echt: Wenn die Schlabberhose zu dir passt, trage ruhig deine Schlabberhose. Wenn du schöne Kleider liebst, trage schöne Kleider. Trage, worin du dich wohlfühlst. Und hampele nicht auf der Bühne herum, wenn dein Text zu schön dafür ist. Denn damit machst du jeden, der Literatur liebt, unzufrieden oder enttäuscht.

Das A&O der Performance

Trotzdem gilt: **Probiere dich aus** und mache es womöglich anders, als ich hier empfehle.

Welche Performance zu dir und deinem Text passen könnte, solltest du jetzt vom Gefühl her schon wissen. Lies dir dieses Kapitel ansonsten noch einmal durch und beantworte dir in Ruhe die Frage, was dir entsprechen könnte. Oder gehe immer wieder auf die Bühne und lerne aus den Erfahrungen, die du dort machst.

1.6 Direkt vorm Auftritt

Vor ein paar Jahren sollten mehrere Berliner Slam-Poeten einem jungen Krakauer Publikum im großen und überfüllten Keller einer angesagten Kneipe vorführen, was Slam Poetry ist. In Polen waren Poetry Slams damals fast noch unbekannt.
Eine sehr nette Dame eines deutschen, in Krakau ansässigen Kulturinstitutes lud uns vor der Veranstaltung zum Essen ein. Da wir alle die polnische Küche kennenlernen wollten, führte sie uns in ein entsprechendes Restaurant. Es dauerte etwas, denn alles wurde frisch zubereitet. Doch bald saßen wir vor riesigen Tellern, auf denen herrliche, deftige und fettige Speisen aufgetürmt waren. Wir aßen und aßen.

Dann mussten wir uns beeilen, der Auftritt stand kurz bevor. Das Beeilen war ziemlich anstrengend nach diesem Essen. Auf der Bühne waren wir dann langweilig. Dem Publikum hatte es trotzdem gefallen, denn diese Art der Bühnenliteratur hatte es ja noch nicht gehört und gesehen. Aber wir, die wir wussten, wie lebendig und konzentriert wir sonst auf der Bühne waren, haben uns alle geschworen, **vor keinem Auftritt** mehr **schwer** zu **essen**. Also, mach nicht denselben Fehler!

Worauf solltest du noch vor einem Auftritt zu achten?
Wenn du einen Text auswendig vortragen willst und etwas aufgeregt bist, **ziehe dich** direkt vor deinem Auftritt eventuell hinter die Bühne oder in einen Nebenraum **zurück** oder gehe an die frische Luft und wiederhole deinen Text gegebenenfalls noch einmal.

Vielleicht bist du aber auch ein Typ, der sich durch den laufenden Slam vom eigenen Auftritt **ablenken lassen** kann. Das **ist nicht das Schlechteste,** denn dann bekommst du mit, was die anderen Autoren machen, und mit etwas Glück kann es dich inspirieren ⇨ *Über die Nachahmung und die Eigenständigkeit.*

Ansonsten: **Sieh zu, dass du genug trinkst.** Mit trockener Kehle spricht es sich auf der Bühne nicht gut. Ich rate zu stillem Wasser, zumeist tut es auch Leitungswasser. Getränke mit Kohlensäure solltest du eher meiden, wenn du auf der Bühne nicht aufstoßen willst.

Manche Slammer trinken vor jedem Auftritt **Alkohol,** weil sie das Gefühl haben, dann lockerer zu sein. Doch: Sie mögen sich zwar angetrunken besser finden, sind aber in der Regel nicht wirklich besser, sondern im Gegenteil unkonzentrierter.

1.7 Die Bühnensituation

Sei du selbst auf der Bühne. Wenn du nicht gut drauf bist, tu' nicht so, als seist du es. Sage, wenn du willst: *Ich bin nicht gut drauf* und lies einen passenden Text. Ist dein Text

Das A&O der Performance

lustig, sage vielleicht: *Ich bin nicht gut drauf. Aber mir ging's anscheinend mal besser.* Und vielleicht bekommst du beim Lesen deines Textes wieder gute Laune.

Wenn du schon gute Laune hast, **wenn du die Bühne betrittst,** dann flirte ruhig etwas mit dem Publikum. Erzähle etwas zur Einleitung, sage *Hallo* und *Tschüs* oder was du gewöhnlich zur Begrüßung und zum Abschied sagst.

Wenn dir gar nicht danach ist, dein Publikum zu begrüßen oder dich zu verabschieden, dann lass es. Dann geh auf die Bühne, mach deinen Text und geh wieder ab. Es kann sein, dass das seltsam oder arrogant wirkt. Aber wenn das zu dir passt, kann es eventuell auch funktionieren. **In der Regel kommt Offenheit am besten an.**

Nimm dir, vielleicht nach einem ersten, kurzen *Hallo,* Zeit, **das Mikrofon einzurichten:** also den Mikrofonständer ggf. auf die passende Höhe zu stellen, das Mikrofon selbst ggf. besser auf deinen Mund hin auszurichten. Bitte den Moderator charmant um Hilfe, wenn du Angst hast, es alleine nicht optimal hinzubekommen.

Trage deinen Text vor. Wenn es nicht zu ihm passt, dann hetze möglichst nicht durch ihn hindurch. **Sprich nicht zu leise.** Brülle herum, wenn es zu deinem Text passt, aber vielleicht nicht die ganzen fünf Minuten, das strengt dein Publikum wahrscheinlich unerträglich an.

Und vergiss nicht: Beim Slam sind grundsätzlich **keine Requisiten** erlaubt. Also, nimm dein Kuscheltier nicht mit auf die Bühne, setz dir keine Pappnase auf und wirf keine Bonbons ins Publikum. **Es geht nur um deinen Text und deinen Vortrag.** Das Einzige, was du außer deines Textblattes, deiner Kladde oder gegebenenfalls deines Buches mit auf die Bühne nehmen solltest, ist dein Verstand und eventuell etwas zu trinken.

Wenn du während deines Vortrages merkst, dass **dein Text nicht ankommt,** dann renne nicht gleich frustriert von der Bühne. Wenn einige Slam-Besucher sich (nicht nur flüsternd) unterhalten, während du sprichst, dann versuche, ihre Aufmerksamkeit zurückzugewinnen. Bitte sie womöglich sogar um Ruhe, wenn es nicht Leute aus dem Publikum oder der Moderator tun.

Wenn dein Publikum während deines Vortrages **nicht lacht,** obwohl du deinen Text selbst sehr lustig findest, dann ist das enttäuschend, aber ebenfalls kein Grund, gleich aufzugeben. Es muss nämlich gar nicht an deinem Text liegen. Vielleicht liest du denselben Text ein andermal – und alle lachen. **Wenn** dann alle **lachen,** dann mache eine kleine Pause und fahre erst mit deinem Vortrag fort, wenn das Lachen abzuklingen beginnt. Sonst kann es sein, dass dein Publikum einen Teil des Textes verpasst. Das wäre schade.

Wenn du einen ernsten oder poetischen Text präsentierst und dieser Text die Menschen erreicht, kann es sein, dass es im Raum völlig **still** wird. Genieße es.

Versuche, welche Art von Text du auch immer vorträgst, auf der Bühne eine gute Zeit zu haben. Selbst, wenn es beim Slam vielen, vielleicht allen auch um das Gewinnen oder das gute Abschneiden geht: **Werde nicht verbissen.** Dann verlierst du schlimmstenfalls irgendwann den Spaß an der Sache.

Das A&O der Performance

1.8 Nach dem Auftritt

Wenn dein Auftritt gut gelaufen ist, freue dich darüber! Freue dich auch tagelang, denn Freude ist schön. Du darfst auch stolz sein. Gerade, wenn du dich vielleicht mit einem überzeugenden Text und Auftritt gegen Slammer durchgesetzt hast, die bisher besser waren als du. Grund, hochmütig zu werden, hast du aber nicht. Es kommt ein nächster Slam und ein nächster Slam. Vielleicht gewinnst du eine Zeit lang fast alle Wettbewerbe, aber irgendwann stehen andere Gewinner auf der Bühne, und dein Auftritt war weniger gelungen.

Sei, **wenn dein Auftritt nicht gelingt,** ruhig enttäuscht. Du musst das niemandem gegenüber überspielen, auch nicht dir selbst gegenüber.

Frage dich irgendwann, was schief gelaufen ist, und warum es schief gelaufen ist. Lag es am Text selbst? An deinem Vortrag? Hat dein Text an dem Abend einfach nicht gepasst? Haben direkt vor deinem Auftritt schon drei Autoren lustige Geschichten vorgelesen und auf eine vierte hatte dann keiner mehr Lust – vielleicht, weil sie auch noch ähnlich gestrickt war wie die zuvor gehörten? Haben alle gerade herzlich gelacht, und dein Gedicht über deinen toten Hamster wollte dann keiner hören? War dein Text über deinen Selbstmordversuch vielleicht doch zu persönlich, und du hättest ihn besser deinem Therapeuten vorgetragen?

Also, stelle dir ein paar Fragen, aber zermartere dir auch nicht das Hirn. Überarbeite deinen Text, wenn notwendig, oder halte selbstbewusst an ihm fest und lies ihn irgendwann in einem anderen Rahmen wieder. Wichtig: Innerhalb einer kurzen Zeitspanne solltest du beim gleichen Slam grundsätzlich keinen Text wiederholen, denn dann kennt ein Teil des Publikums ihn wahrscheinlich schon.

Und vergiss nicht: Vielleicht war dein Text gut, vielleicht war er sehr gut, aber jemand anderes hatte gerade einen Text, der ausgezeichnet war. Lass dann nicht den Kopf hängen.
Nach dem Auftritt ist vor dem Auftritt.

Exkurs: Einen Poetry Slam veranstalten

Einen Poetry Slam veranstalten

Ein Poetry Slam lässt sich einfach veranstalten. Du brauchst einen Raum, ein paar Leute, die eigene Texte vortragen, und ein paar Leute, die die Texte und ihren Vortrag bewerten wollen.

Wenn der Raum eine Bühne hat, ist das gut, wenn er keine hat, suche einen Platz im Raum, der für alle möglichst gut einsehbar ist. Wenn du ein Mikrofon und eine Soundanlage hast, ist das gut. Wenn du das nicht hast, müssen sich die Teilnehmenden eben aus eigener Stimmkraft heraus verständlich machen.

Es gilt: Es dürfen nur eigene Texte vorgetragen werden. Jeder hat auf der Bühne bis zu fünf Minuten Zeit. Es dürfen keine Requisiten verwendet werden – mit roter Pappnase, Plastikschwert oder Engelsflügeln darf also nicht geslammt werden. Es gilt nichts als das gesprochene Wort.

Du kannst das Publikum per Applaus über den Sieger des Slams abstimmen lassen. Du kannst aber auch fünf Leuten aus dem Publikum Nummerntafeln in die Hand drücken, auf denen Zahlen von 1 bis 10 stehen. Eine 1 soll für einen Text gegeben werden, der nie hätte geschrieben werden sollen. Eine 10 für einen Text, der völlig begeistert. Achte darauf, dass in der Jury keine Leute sind, die mit einem der Slammer verwandt oder befreundet sind. Das wäre ungerecht den anderen Slammern gegenüber.

Dem Sieger könntest du etwas schenken. Das braucht nicht wertvoll zu sein. Beim Slam gibt es fast nie wertvolle Preise. Denk dir etwas Kleines aus, das du selbst gut findest. Wenn du Spaß daran hast, hole auch den zweiten und dritten Sieger zum Ende noch einmal auf die Bühne. Und schenke ihnen eventuell auch etwas. Und vergiss nicht, allen Slammern und gegebenenfalls auch der Jury zum Abschied zu danken, denn alle waren mutig.

Wenn du weitere Slams veranstalten willst, weise darauf hin. Wenn du Lust hast, kannst du ein paar Flyer machen und verteilen. Wenn du Lust hast, kannst du auch die Redaktion eures Stadtmagazins, eurer Schüler- oder Tageszeitung bitten, deinen Slam anzukündigen. Über das Internet kannst du natürlich auch sehr einfach auf deinem Slam aufmerksam machen.

Viel Spaß!

Buch-Tipps

Wer (mit seinen Schülern) Slam-Texte bekannter Slam-Poeten lesen möchte, sollte sich folgendes Reclam-Bändchen nicht entgehen lassen:

⇨ *Anders, Petra:*
Texte und Materialien für den Unterricht. Slam Poetry. Reclam 2008

Wer Lust hast, mit Freunden oder Gruppen sinnliche Schreibnächte zu veranstalten, ist hier richtig:

⇨ *Girgensohn, Katrin/Jakob, Ramona:*
66 Schreibnächte. Anstiftungen zu literarischer Geselligkeit. Edition Isele 2001

Wer lesen, hören und sehen möchte, welche Slam-Poeten und welche Texte beim „International German Poetry Slam 2005" besonders gut ankamen, sollte sich folgendes Buch inkl. DVD besorgen:

⇨ *Greinus/Wolter/Wolter (Hrsg.):*
Slam 2005. Die Anthologie zu den Poetry Slam Meisterschaften. Voland & Quist 2005

Wer insbesondere wissen möchte, wie verschiedene Slam-Poeten in Deutschland Poetry Slam-Workshops durchführen, ist hier richtig:

⇨ *Praxis Deutsch:*
Zeitschrift für den Deutschunterricht. Poetry Slam & Poetry Clip. Inszenierte Poesie der Gegenwart. Friedrich Verlag 2008

Wer gern reimt, hat vielleicht Freude an einem Reimlexikon:

⇨ *Steputat, Willy:*
Reimlexikon. Reclam Verlag 1997

Internet-Tipps

Fast alle im deutschsprachigen Raum veranstalteten Poetry Slams haben Internetseiten. Einfach den Begriff *Poetry Slam* plus den Namen der Stadt googeln.

Wer mehr über Poetry Slam allgemein wissen möchte, findet hier Informationen:
http://de.wikipedia.org/wiki/Poetry_Slam

Termine von Poetry Slams im deutschsprachigen Raum sowie zahlreiche Profile von Slam-Poeten finden sich auf folgender Seite: *www.myslam.de*

Die Gewinner der deutschsprachigen Poetry-Slam-Meisterschaften waren in den vergangenen Jahren Sebastian 23, Marc-Uwe Kling, Volker Strübing und Sebastian Krämer. Von allen finden sich Text-, Audio- und Video-Dokumente im Internet. Einfach die Namen in eine Suchmaschine eingeben.

Anhang

Quellenverzeichnis

S. 15   Kersten Flenter:
Feuer und Eis. Aus: Drei Akkord Hinterhofträume. Ariel Verlag Riedstadt 1995.
Mit freundlicher Genehmigung des Autors

S. 16   Lilja Girgensohn:
Kurz vor acht. Mit freundlicher Genehmigung der Autorin

S. 18   Lilja Girgensohn:
Käsearsch. Mit freundlicher Genehmigung der Autorin

S. 20   Johanna Wack:
Clara Cordula. Mit freundlicher Genehmigung der Autorin

S. 30   Dirk Hülstrunk:
ARR BEI TE. Mit freundlicher Genehmigung des Autors

S. 32   Else Lasker-Schüler:
Ein alter Tibetteppich. Aus: Else Lasker-Schüler: Gedichte. © Suhrkamp Verlag Frankfurt am Main 1997

S. 33   Wislawa Szymborska:
Glückliche Liebe. Aus: Wislawa Szymborska: Liebesgedichte. © Insel Verlag Frankfurt am Main 2005

S. 34   Gioconda Belli:
Ereignisse. Aus Gioconda Belli: Wenn du mich lieben willst. Peter Hammer Verlag Wuppertal, Neuausgabe 2000. Die Rechte liegen beim Peter Hammer Verlag GmbH.

S. 35   Wolf Wondratschek:
In einem kleinen Zimmer in Paris. Mit freundlicher Genehmigung des Autors

Dank

Dieses Buch habe ich im Rahmen eines Aufenthaltsstipendiums für Autoren in der Villa Decius in Krakau verfasst. Finanziert wurde es durch die Stiftung für deutsch-polnische Zusammenarbeit. Herzlichen Dank!

Zu diesem Buch ermutigt und im Schreibprozess konstruktiv begleitet hat mich Frau Gabriele Saliba vom Persen Verlag. Ebenfalls ein herzliches Dankeschön!

Außerdem möchte ich mich bedanken bei allen Verlagen, Autoren und Slam-Poeten, die der Veröffentlichung von Texten in diesem Buch zugestimmt haben.

Ein besonderes Dankeschön möchte ich an Petra Anders richten, die seit Jahren zwischen der deutschsprachigen Poetry-Slam-Szene und der Welt der Schulen und der Deutsch-Didaktik vermittelt und mich durch ihre entsprechenden Publikationen und Projekte unterstützt und inspiriert hat.

Tipp zur Übung „Wenn ich nicht ich selber wäre"

Ich bin dieser Übung bei einer Freundin begegnet, die Schreibworkshops gibt und eine Fortbildung in „Poesietherapie" gemacht hat – ja, so etwas gibt es.

Diese Freundin hat mir und den anderen Teilnehmerinnen nach Verfassen unserer Texte erzählt, dass davon auszugehen ist, dass ein Mensch sich den alternativen Lebenslauf gibt, den er tatsächlich gerne hätte. Wenn das stimmt, und ich kann es mir vorstellen, dann sagt dein Text viel aus über deine Sehnsüchte.

Texte schreiben – kein Problem!

Brigitte Penzenstadler
Kreativ schreiben
Im Deutschunterricht der Sekundarstufe I

Wie können Sie den Schülerinnen und Schülern Spaß am Schreiben vermitteln? Hier bietet das Konzept des integrativen Deutschunterrichts hervorragende Ansätze: Diese Kopiervorlagen ermutigen zu einem kreativen Umgang mit Sprache. Dabei wird nicht nur Wert auf Freude am Texten, sondern auf Logik und sprachliche wie formale Gestaltung gelegt. Der erste Teil des Werks regt zur kreativen Rezeption und Antizipation von Gedichten an. Außerdem fordern spielerische Übungen zum Verfassen eigener Gedichte auf. Im zweiten Teil stehen Textsorten wie Bericht, Fabel, Brief und Stellungnahme im Vordergrund.
Lassen Sie sich überraschen: So perfekt kann integrativer Deutschunterricht funktionieren!

Buch, 88 Seiten, DIN A4
5. bis 10. Schuljahr
Best.-Nr. 3897

Jo Ellen Moore
Geschichten schreiben – Schritt für Schritt
Leitfaden für die Sekundarstufe I

Jede Schülerin und jeder Schüler kann gute Geschichten schreiben. Man muss nur wissen wie! Zunächst lernt Ihre Klasse Schritt für Schritt die Bestandteile einer Geschichte kennen und beschreiben. Das funktioniert mit Übungen zu Figuren, Ort, Zeit, Handlung und Auflösung bzw. Schluss. Anschließend erleichtert ein Leitfaden das Schreiben einer vollständigen Geschichte. Mit den zusätzlichen Arbeitsblättern zu sechs verschiedenen Geschichtenarten (z. B. Alltags-, Kriminal- und Fantasiegeschichten) entwickeln sie sich schließlich zu richtigen Schreibprofis!
Perfekt ausgerüstet mit: methodischen Anleitungen, Arbeitsblättern und einem Extrakapitel mit Tipps zum Gestalten und Binden eines eigenen Geschichtenbuches!

Buch, 100 Seiten, DIN A4
5. bis 7. Schuljahr
Best.-Nr. 3796

Anne Hartmann, Silke Klöver
Deutsch mit schrägen Gedichten und komischen Fotos
Originelle Kopiervorlagen zu Grammatik und Stil

Hand aufs Herz: Grammatik, Wortschatz, Stil sind wenig geliebte Pflichtübungen des Deutschunterrichts. Diese originellen Kopiervorlagen zeigen, dass das auch anders sein kann. Durch die gelungene Verbindung mit schrägen Gedichten und Fotos sind Ihre Schülerinnen und Schüler schon beim Thema, bevor gefürchtete Aversionen überhaupt eine Chance haben. Von sprachlicher Komik amüsiert, reflektieren sie quasi nebenbei, wie der Konjunktiv oder die Vergleichsformen gebildet werden, erkunden die Bedeutung gängiger Fremdwörter und suchen nach Wörtern mit ähnlicher oder gegensätzlicher Bedeutung. Zu den Schreib- und Stilübungen gehört der Umgang mit Märchen genauso wie das Reimen, das Erzählen, das Verfassen eines Steckbriefs oder die Umformung in korrektes Hochdeutsch.
Endlich originelles Material für alle sonst so wenig geliebten Pflichtübungen!

Buch, 96 Seiten, DIN A4
5. bis 10. Schuljahr
Best.-Nr. M321

Hartmut Lange
Wie kann ich das ausdrücken? 
Materialien zur mündlichen und schriftlichen Kommunikation im Deutschunterricht

Die lebensnahen Beispiele sensibilisieren Ihre Schülerinnen und Schüler für Kommunikationsabsichten: Was möchte ich erreichen? Was will mein Gegenüber von mir? Worum geht es hier überhaupt? Anhand von alltagsrelevanten Kommunikationsanlässen verbessern sie dann ihre Grammatik und verfeinern ihren Stil, im Mündlichen wie im Schriftlichen. Mit Kopiervorlagen.
Der Kommunikationskurs für Kinder und Jugendliche!

Buch, 104 Seiten, DIN A4
5. bis 7. Schuljahr
Best.-Nr. 3871

Edmund Wild
Kreative Sprachübungen für zwischendurch
Kurzweilige Übungen mit erstaunlichem Erfolg

Was tun in der Vertretungsstunde? Unruhe bei der Hausaufgabenkontrolle? Keine Lust auf das Wiederholen der vier Fälle? In diesem Fall sind diese Übungen rund ums Thema Sprache die Lösung! Und so funktioniert's: Sie finden das Blatt für die jeweilige Klasse sofort, denn auf jeder Seite sehen Sie das Lernziel auf einen Blick. Die Lösungen erleichtern die Kontrolle der Ergebnisse. Sie haben die Wahl zwischen Übungen zur besseren Ausdrucksfähigkeit, zum flexiblen, kreativen Umgang mit Sprache sowie Aufgaben zur Rechtschreibung und Zeichensetzung. Zwei Kartenspiele zur Herkunft von Wörtern bzw. Redensarten sind genau das Richtige für spielbegeisterte Kinder und Lehrkräfte.
Die Kombination für entspannten Unterricht: Spaß haben, Wissen auffrischen und die Kreativität anregen!

Buch, ca. 94 Seiten, DIN A4
5. bis 10. Schuljahr
Best.-Nr. 3517

Unser Bestellservice:

Das komplette Verlagsprogramm finden Sie in unserem Online-Shop unter

www.persen.de

Bei Fragen hilft Ihnen unser Kundenservice gerne weiter.

Deutschland: 0 41 61 / 7 49 60-40 · Schweiz: 052 / 375 19 84 · Österreich: 0 72 30 / 2 00 11